한국 대학 시민교육의 매뉴얼

방법과 실제

시민교육 연구총서 6

한국 대학 시민교육의 매뉴얼

방법과 실제

이동수 편

인간사랑

차례

서문

민주주의는 시민이 주체가 될 때 비로소 실현가능하다. 고대 아테네 민주주의에서도 시민이 주도하였고, 근대 민주주의 발달도 새로운 시민의 형성과 궤를 같이 한다. 이때 시민이란 공동체를 구성하는 자로서 자신의 권리와 의무를 행하면서 주권을 갖는 주체를 의미한다. 서구에서는 일찍이 국가영역과 다른 시민사회가 발달하여 여러 부문에서 시민이 성장하였다. 예컨대 길드조합이나 결사체를 비롯한 경제부문, 교회나 학교를 포함한 종교 및 교육부문, 법률가나 의사 등과 같은 전문직들이 활동하는 영역 등이 국가영역에서 분리되어 자생적으로 발전하였던 것이다.

하지만 한국에서는 근대화가 늦어졌기 때문에, 그만큼 근대화와 관련 있는 시민사회 영역의 발달도 늦어졌고 따라서 시민의식을 가진 시민의 형성도 늦어지게 되었다. 특히 전통적으로 동아시아에서는 국가영역이 사회를 압도하였고, 우리나라의 근대화도 국가주도적이었기 때문에, 서구와 같은 근대적 시민의 형성은 더디었던 것이다. 오히려 뒤늦게 근대화를 시작한 한국사회에서는 국민형성이 먼저였고, 시민은 별로 주목받지 못했다.

그러나 국민과 시민은 엄연히 다르다. 물론 국민이란 국민국가를 형성하는 기초단위이기 때문에 필수요건이기는 하나, 국민이라는 단어는 여전히 국가주도적인 사회에서 피동적인 구성원으로서의 의미가 강하다. 반면 시민이란 국가주도적인 것에서 벗어나 스스로 사회의 능동적 주체가 되는 것을 의미한다. 따라서 시민은 사회의 주인과 같은 존재로서, 제대로 시민의 역할을 하려면 권리와 의무뿐만 아니라 주인의식과 책임감 등을 모두 갖추어야 한다.

그런 점에서, 시민이 되는 것은 결코 간단치 않다. 한 가정에서도 부모에 의존하지 않고 혼자 스스로 주체적인 가족 구성원이 되는 것을 성인이 된다고 하는데, 시민이란 이와 같이 사회에서 하나의 성인이 되는 것을 의미하기 때문이다. 물론 사회적으로 일정한 나이가 되면 성인으로 간주되지만, 진정한 성인이 되려면 보다 성숙한 자세가 필요한 것이다.

이 책은 이와 같이 사회적 성인으로서의 시민이 되기 위한 과정을 대학에서 어떻게 가르치고 훈련해야 하는가에 대한 방법과 실제에 대해 설명하고자 준비되었다. 대학에서의 시민교육 과정은 미국이나 다른 국가에서도 예전부터 진행하고 있는데, 여기서는 특히 경희대학교 후마니타스칼리지에서 모든 학생들에게 필수로 교육하고 있는 시민교육 교과에서의 경험에 초점을 맞추었다.

특히 이 책은 2011년부터 2014년까지 3년간 수행한 한국연구재단 토대기초 연구지원사업인 〈한국 대학교육에서 '시민교육' 연구 및 자료 총서〉(NRF-2011-322-B00003) 프로젝트의 일환으로 출판하게 되었다. 각 장들은 이 프로젝트에 참여하는 분들이 각각의 전공에 맞추어 집필하였으며, 특히 매달 진행된 세미나와 워크숍 그리고 여러 차례의 중간발표회를 통해 전체적인 통일성을 기하였다. 항상 모임에 참석하여 장시간에 걸친 열띤 토론과 진지한 고민을 함께 해준 연구자들에게 진심으로 사의를 표한다. 그리고 이 책의 출판을 지원해준 한국연구재단과 사명의식을 갖고 출판을 기꺼이 수락해준 도서출판 인간사랑 관계자들에게 깊은 감사의 말씀을 전한다.

2016년 10월

경희대 NGO국제연구소장 이동수

1장 시민교육의 의미와 실제

우기동

1. 시민교육의 필요성

1) 더불어 함께 살아가는 창의적 민주시민 양성

첫째, '인문학적 성찰': 인문 교양교육을 통한 성찰적 시민의식 함양.

인문학적 성찰은 성찰적 시민의식을 갖춘 교양인의 필수 교육과정이고 삶의 태도라 할 수 있다. 흔히 교양이란 '교육이 도달할 수 있는 최고의 높이'라고 말한다. 그래서 교양인으로 살아가는 삶은 '훌륭한 삶'이라 말할 수 있다. 그리스 철학(소크라테스, 플라톤)에서도 교양인은 인간의 '훌륭함(aretē, 아레테)'을 실현하는 삶이다. 이런 의미로 볼 때 교양은 우리 인간의 '일생동안의 삶의 방식'이어야 한다. 매슈 아널드(Matthew Arnold, 1822-1888)의 말대로 교양은 '완성을 향한 공부'이며, '자기완성을 향한 인류의 충동'이다. 그래서 성찰적 교양인은 다음과 같은 네 가지 의미를 지닌다고 할 수 있다.

- 자신의 지적 윤리적 심미적 상승을 부단히 시도하는 인간.
- 자연과 생명을 존중하고 타자에 대한 이해와 배려의 능력을 키우는 인간.
- 인류사회와 연대하고 문화세계를 추구하며 정의와 결속하는 인간.
- 문명을 만들고 문명을 성찰하면서 지구문명의 난제들을 풀어가는 인간.

따라서 시민교육에서 인문학적 성찰 교육의 기본 목표는 탁월한 개인, 책임 있는 시민, 성숙한 공동체 성원의 양성에 있고, 최종목표는 삶의 불확실성 앞에서 자기 생애를 이끌어 나갈 내적 견고성의 함양이라 할 수 있다.

둘째, 시민 민주주의: 사회 교양교육을 통한 민주적 시민의식의 강화.

시민 민주주의에 관한 교육 과정은 민주사회를 유지하고 발전시키는 사회 교양교육이라 할 수 있다. 권력이 미디어와 결탁하여 사건과 여론을 조작하고, 주권자인 국민이 이와 같은 기만적 현실에 놓여 있다면, 빈부의 격차와 양극화는 심화되고 부와 권력을 가진 자들이 더욱 살기 좋아지는 세상을 목도하는 현실이라면, 경제적 물질의 가치만을 최고의 가치로 내세우는 선동적 정치를 일상으로 마주하는 현실이라면, 오로지 경쟁된 소수의 승리자만을 위한 정책이 난무하는 현실이라면, 이러한 사회에서는 민주주의의 핵심 가치인 자유, 평등, 정의가 실종 것이다. 이는 민주주의의 위기라 할 수 있으며 이러한 현실을 시민이 망각하고 있다면, 상황은 더욱 심각하다. 그래서 성숙한 시민은 '어떤 사회, 어떤 공동체를 만들 것인가?', '어떤 제도, 어떤 기구, 어떤 조직을 만들 것인가?', '어떤 실천적 활동(운동)을 할 것인가?'를 고민하고 실천한다. 그래서 시민은 '자율성'을 가져야 하며 동시에 '책임'도 떠맡아야 한다. 시민 민주주의 교육은 이러한 성숙한 시민이 탄생할 수 있는 교육과정을 구성하고 문화적 조건을 만들어가야 한다.

따라서 시민 민주주의의 교육 목표는 민주주의의 가치를 이해하고 실천하는 민주적 시민의식을 함양하는 데 있다.

셋째, 공동체적 삶: 공공선을 추구하는 민주시민 육성.

시민교육 과정은 '인간은 더불어 함께 살아가는 특성을 지니고 있고, 그래서 공동체적 삶을 살아갈 수밖에 없는 존재임(아리스토텔레스 표현대로 인간은 사회적 동물임)'을 학습하고, 이를 바탕으로 공공선을 추구하는 삶을 터득하게 한다. 존재세계(자연, 사회)를 올바로 이해하면서 교양을 갖추고 교양인으로서 훌륭한 삶을 살아간다는 것은 개인적으로는 만족스러운 삶이며 사회적으로는 합리성과 진보를 촉진하는 공동체적 역량이 될 수 있다. 그래서 시민교육의 일반적 목표를

'폭넓은 일련의 정신적 기량과 습관을 계발하고 향상시키면서 문제를 해결하는 공동의 협력과정'이라 하고, 지적 윤리적 능력을 향상시키고 삶의 지평을 확장하면서 '개인적 만족과 공공선을 추구하는 삶'이라 말한다. 그래서 공동체적 삶을 사는 민주시민의 덕목을 다음과 같이 정리할 수 있겠다.

- 민주사회를 발전시킬 역량을 가진 합리적 비판적 민주시민
- 공동체적 삶을 유지하는 데 필요한 신뢰, 선의, 공감, 배려, 봉사, 유대의 덕목을 가진 따뜻한 이웃

따라서 시민교육은 개인적으로 만족하는 삶을 살아가면서 공공선을 추구하는 민주시민의 양성을 목표로 하고 있다.

넷째, 세계시민: 글로벌 시대의 세계시민의식 함양.

시민교육의 과정은 한 나라의 시민임과 동시에 다문화 시대, 글로벌 시대를 살아가면서 지구촌 문제를 고민하고 해결하고자 하는 '세계시민'임을 체득하게 한다. 지속 가능한 인류의 미래 문명은 문명 간의 대화와 공존, 타자와의 공감 능력을 요구하고 있다. 가령, 빈곤, 전쟁, 기후, 생태환경의 심각한 형평성의 상실 등의 문제는 이미 특정 국가의 특수한 문제 아니다. 그래서 공존의 윤리는 지구촌 공동체와 새로운 사회를 향한 시민들의 열망과 실천적 노력으로 나타나고 있다. '세계시민'이 새로운 주체로 등장하면서 지구적 문제의 해결책을 모색하고 있다. 세계시민은 근대적 시민과 구별되는 새로운 존재가 아니라 지구적 거버넌스의 요청을 수행할 시민의 덕목(공감, 나눔, 참여, 연대)을 갖춘 역량이다. 지구적 차원의 공정과 정의, 세계평화를 실현하고자

한다. 지역의 풀뿌리 공동체에서부터 세계공화국의 의제까지 등장한다. '지구적으로 사고하고 지역적으로 행동하라.' 시민교육이 세계시민의 양성을 소홀히 할 수 없다.

따라서 시민교육은 세계시민의식의 함양을 중요한 교육 목표 가운데 하나로 설정해야 한다.

2) 시민학습권 보장: 모든 시민을 위한 교육

시민교육의 프로그램은 매우 다양한 형태로 이루어져야 한다. 철학, 문학, 역사 등 인문학 영역을 포함하여, 예술, 체육(스포츠), 여가, 취미 등 시민 행복의 질적 향상을 위한 가치지향적 지식을 제공할 수 있어야 한다. 또한 인생기획 및 재설계(삶의 기획자, 디자이너), 타인과의 관계 설계, 사회 설계, 일자리 설계(미래형 능력 구성) 등을 위한 교육과정도 구성되어야 한다. 특히 시민교육은 사회계층, 경제적 수준, 생활 환경, 문화적 배경 등과는 무관하게 시민 누구나 참여할 수 있는 개방성 교육의 장을 마련해야 한다. 이러한 다양한 교육 프로그램을 제공함으로써 생활 속 평생학습을 실현할 수 있어야 한다.

2. 시민교육의 국내 사례: 서울시민대학[1]

1) 현행 서울시민대학의 현황

서울시에서 집계한 서울시민대학 운영 실적은 다음과 같다.

<table>
<tr><th rowspan="2">운영사업</th><th rowspan="2">분 야</th><th colspan="2">2011</th><th colspan="2">2012</th><th colspan="2">2013[2]</th></tr>
<tr><th>강좌수</th><th>인원</th><th>강좌수</th><th>인원</th><th>강좌수</th><th>인원</th></tr>
<tr><td colspan="2">계</td><td>178</td><td>4,212</td><td>195</td><td>4,405</td><td>288</td><td>9,290</td></tr>
<tr><td>시립대
시민대학</td><td>서울학, 자치시민, 외국어
등 기초교양 위주 강좌</td><td>178</td><td>4,212</td><td>195</td><td>4,405</td><td>212</td><td>4,949</td></tr>
<tr><td>시민청
시민대학</td><td>인문학적 성찰,
시민 민주주의
삶의 터전, 예술적 감수성</td><td colspan="4">2013년 개원</td><td>65</td><td>3,967</td></tr>
<tr><td>권역별
시민대학</td><td>후마니타스 인문학 –
경희대
여성 인문학 – 이화여대
인권 인문학 – 성공회대</td><td colspan="4">2013년 개원</td><td>11</td><td>374</td></tr>
<tr><td>은평학습장
시민대학</td><td>평생교육사 역량강화교육
현장체험지도사
역량강화교육
시민대학 심화교육</td><td colspan="6">2014년 개원</td></tr>
</table>

---

1 서울시, 「개방형 서울시민대학 설립 운영방안 마련을 위한 연구」(2015) 참조.

2 2016년도 수강생은 2만 명을 상회하는 것으로 알려져 있다.

2) 향후 서울시민대학의 확대 필요성과 방향

가. 교육적 측면

서울 시민 모두를 위한 대안형 평생교육 인프라 구축 필요.

- 현행 서울시민대학의 성과와 수강 시민들의 요구를 반영하는 평생교육 인프라 구축의 필요성이 제기됨.
  교육복지 확대를 위한 장기 비전을 설계할 필요.
- 현행 서울시민대학의 확대 과정으로 볼 때, 개인적으로 만족하는 성찰적 삶과 공공선을 추구하면서, 더불어 함께 살아가는 공동체적 삶을 영위하는 생활방식을 가꿀 수 있도록 교육복지를 전면화하는 체계적인 시민교육 시스템을 구축할 필요성이 요청됨.

시민의 교육적 요구를 충족시키는 다양한 프로그램을 편성하여 평생교육의 의미와 혜택을 실실석으로 혁신힐 필요.

나. 현실적 측면

지식정보화 사회에서 평생학습의 중요성 및 시민적 요구 대두.

공동체적 삶을 위한 민주적 시민교육의 요청.

지속가능한 체계적인 시민대학 시스템의 필요.

컨트롤타워 역할을 하는 본부캠퍼스와 다양한 네트워킹 시민대학의 입체적 구성 필요.

다. 추진방향

서울시민대학을 「개방형 서울자유시민대학」으로 확대 개편하여 운영함.

- 미국 커뮤니티칼리지, 독일 뮌헨시민대학 등 선진적 평생교육 형식의 비학위 교육체계를 도입함.

현행 서울시민대학의 교육과정을 표준화하여 교양 및 전문교육 과정으로 구분하여 운영함.

- 교양과정과 전문과정의 일정한 시수(학점)를 이수할 경우, 시민학사, 시민석사, 시민박사 등의 학위를 수여함.

서울시 전역을 네트워크형 시민대학 체계로 구축함.

- 시민청, 제2시민청, 은평학습장, 권역별 시민대학, 대학연계 시민대학, 도서관, 시민사회 교육단체, 종교단체, 자치구 평생학습관, 주민자치센터 등과 연계 협력하는 네트워크형 시민대학 시스템을 마련함.

서울자유시민대학 수료생의 사회적 역할과 진출을 모색하는 전략을 마련함.

- 시민의회, 시민위원회, 시민옴부즈만 등 참여형 시민의 모델을 창출함.
- 마을교육, 직업교육과 연계하는 프로그램을 통해 전문적 능력을 발휘하는 직업형 시민의 모델을 창출함.

3. 해외 시민교육의 사례

1) 독일

가. 기본특징: 정부 주도 및 지원이 기본적인 토대가 되는 모델이나 실질적으로는 민관공조 시스템으로 운영

베를린市 모델	개인 학습계좌제(ProfilPASS)를 통해 학교교육 및 기타 교육 이수 내용 전체를 통합관리. 일반 시민대상 프로그램 외에 교사 재교육 과정이 포함되어 있는 점도 특기할 만함.
뮌헨市 모델	유럽 內 최대 규모의 시민대학으로 연간 14,000강좌를 진행하고 25만여명이 수강함. 프로그램이 다양할 뿐 아니라 그 내용도 실질적이고, 지원 및 운영을 위한 조직적 기반도 잘 구축되어 있음. 자연과학 및 인문과학에서 다양한 어학강좌, 직업교육, 학위취득과정, 건강교육에 이르는 광범위한 강좌가 프로그램에 포함되며, 경영본부·각종 위원회·홍보부 등으로 구성되는 전문적인 행정적 지원체계 또한 적절하게 구비되어 있음. 지자체 지원은 전체 예산의 60% 수준이며 인적·물적 네트워크를 효율적으로 활용.

나. 설립목적 및 특성

(1) 목적

- 시민의 추가교육 수요를 충족한다.
- 시민이 삶의 방향을 찾고 의미 있는 주체적 삶을 영위할 수 있도록 돕는다.
- 시민이 주체적이고 민주적인 시민 의식을 형성하는 것을 돕

는다.

- 교육소외 시민의 기본교육을 보충하고, 이주자, 장애인 등 소수자의 사회통합을 돕는다.

(2) 성격과 역할

성인교육기관	청소년 교육도 하지만 대부분 성인을 대상으로 교육
추가교육기관	기본 교육 기관(직업학교와 대학교)에서 배운 것 이외에 추가로 더 배우는 곳
교양교육기관	직업 교육은 기본 교육 기관에서 배우기 때문에 주로 교양 교육을 함 (10%정도만 직업교육)
시민교육기관	주체적이고 민주적인 시민 의식을 교육
보충교육기관	고등학교까지의 기본 교육을 배우지 못한 이들이 보충하는 곳
통합교육기관	사회통합을 위해 이주민들에게 독일어와 직업교육을 가르치는 곳

(3) 특징

개방성	모든 계층의 시민들에게 열려있음
중립성	정치, 종교 등 모든 관점으로부터 중립적임
접근성	독일 전역에 동네마다 곳곳에 퍼져 있어 어디서든 가까운 곳에서 이용할 수 있음
저렴함	영리를 추구하지 않고 많은 공적 지원으로 수강료는 40%만 부담하므로 저렴함
통합성	이민자나 장애인 등 소수자들을 위한 프로그램들을 통해 사회통합을 추구하고, 도서관, 박물관, 공연 전시장, 교회, 학교, 문화단체, 시민단체 등과 협력하여 문화 네트워크를 형성

(4) 조직

- 독일시민대학협회(DVV, Deutsche Volkshochschule Verbande. V.)
- 924개 시민대학, 3,118개 지부(2012년)
- 지자체 소속 공공기관(62%), 법인(32%), 기타 유한회사 등 (6%)

(5) 운영

- 1970년대에 평생교육법·성인교육법을 각 주에서 제정하여 성인교육에 대한 국가 및 자치단체의 책임과 재정적인 지원 사항을 규정.
- 재정의 약 60%에 해당하는 공적 지원금을 받으므로 수강생들이 재정의 약 40%만을 부담.
- 지자체와 주 지원금 약 40%, 연방과 EU차원의 지원금 약 20%. 기업의 후원금도 증가하는 추세임.
- 행정직원(약 3800명), 전업 강사(약 3200명), 비전업 강사(약 20만 명).
- 광범위한 다양한 분야의 프로그램들, 정치-사회-환경, 문화, 건강, 언어, 노동·직업, 기초학력 등.

2) 미국

(1) 기본적인 형태와 특징

시 주도의 운영 모델
대학 운영 모델 등 대중을 대상으로 하는 다양한 유형의 프로그램이 있으나, 이에 대한 상위 지자체나 국가의 통합관리체제는 없음.

(2) 기본적인 사례와 특징

뉴욕시 모델	성인교육 네트워크를 구축하여 성인교육 정보 및 성과시스템을 도입, 학습 프로그램의 실질적인 성과 증진에 역점을 둠.
버지니아 대학	비학위 과정, 직업능력개발과정 등으로 구분하여 진행. 비학위 과정은 인문, 예술, 디자인, 조경, 과학 등 관심분야 강의를 자유롭게 수강하는 개인발전과정과 답사와 여행 위주의 여행프로그램 등을 포함. 직업능력 개발과정은 일정한 학점이수를 강제하고 이에 기반을 두어 자격증을 부여하는 자격증과정과 학점이수에 대한 강제가 없는 비학위과정으로 구분. 자격증 과정에는 대안교사, 인사관리, 회계 등에 대한 자격증 취득프로그램이 포함되고, 비학점·비자격증 과정에는 비영리기관 운영, 이벤트 플래닝, 사업 및 조직 향상 등의 학습 및 재교육 프로그램이 포함됨.

3) 일본

(1) 기본적인 형태와 특징

시 주도, 대학 및 시민사회 공조 운영 모델
미국과 유사하게 시 운영모델 및 대학운영모델로 대분할 수 있으나, 도민 칼리지나 현민 칼리지의 예처럼 지자체 주도 모델도 운영되고 있음.

(2) 기본적인 사례와 특징

도쿄시 모델	■시민 대상의 개방형 프로그램으로 운영되며, 미디어의 활용 강조 ■도서관, 박물관, 기타 민간기관 및 단체 등과 연계 네트워크 구축
메이지 대학 (Liberty Academy)	■강좌: 인문·문화·실용 강좌 외에 재취업촉진프로그램 운영. 프로젝트형 프로그램의 경우 자원봉사자, 지역신산업인재육성 프로그램 등 지역에 특화된 참여형 교육으로 구성 ■기타: 해당 대학 교원을 교수자원으로 활용하며, 강좌 운영과 관련된 기부를 받아 기부자 명칭을 강좌 명에 사용
와세다 대학	■개방형 프로그램으로 교양 및 실용 강좌 운영

4) 영국

(1) 기본적인 형태와 특징: 지자체 주도 모델 및 협동조합형 모델로 대분

(2) 기본적인 사례와 특징

런던市 모델	런던 문화–관광 사업추진과 연계하여 도시 잠재력 극대화를 지향하는 교육프로그램 운영. 실제 교육 프로그램도 역사 및 관광자원 관련 내용.
협동조합 모델 (University of the Third Age, 약칭 U3A)	시민들에 의해 주도되는 자주적·독립적 교육기관 모델로 1980년대 초부터 시작. 27만여 회원을 보유하고 있고 인문·역사에서 예체능, 정치에 이르는 광범위한 영역의 강좌 운영. 회원들의 자발적 회비로 운영되는 독립재정에 기반. 소득격차에 따른 회비 차등화, 회원들의 집, 도서관, 교회 공간 활용 등 뿌리 깊은 시민 주도형 모델의 장점과 축적된 노하우 보유.

5) 프랑스

(1) 기본적인 형태와 특징: 비학위과정의 정부 · 대학 · 시민의 공조형 모델

(2) 기본적인 사례와 특징

리옹 시민대학, 칸 시민대학	비학위과정의 개방대학 체제로 운영(단위 시민대학의 연합도 활발해서 프랑스 내 "프랑스시민대학협회"가 구성되어 있음은 물론 "유럽시민대학연합"도 구성)

6) 이탈리아

평생학습 전담부서 '성인교육 지역위원회'를 통해 프로그램 개발·설계·관리·지원·경력·자격 등에 대한 체계적 인증 제도를 통해 교육 및 학습 수행 결과를 공적으로 활용함.

7) 스웨덴

(1) 기본적인 형태와 특징: 시민 주도형의 모델이며 정부는 이에 대해 유기적인 측면 지원

(2) 기본적인 사례와 특징

'Study Circle': 전체 인구의 30%(성인인구의 60%)가 참여하는 300만 명 규모(서클 수 28만여 개)의 전국적인 교육 운동. 100년 이상의 역사를 지니고 있으며 시민들의 자발적 참여와 운영을 특징으로 함. 지역적·공동체적 특성이 강하게 반영되고, 서클 간의 연합도 자유롭게 이뤄짐. 정부는 이에 대해 경제·정치·윤리·환경적 측면에서 유기적인 지원을 함. 하나의 스터디 서클은 3~12명의 규모이며 20시간 이상 지속될 경우 운영비의 75%를 정부가 지원함.

8) 핀란드

(1) 기본적인 형태와 특징: 정부주도모델과 시민주도모델의 중간형

(2) 기본적인 사례와 특징

자기주도학습·직업훈련 등을 주된 교육프로그램으로 하며, 지역 내 학교 공간을 활용. 성인 인구의 70%가 참여하는 성공적인 운영이 특징. 교육 프로그램 이수를 통해 일정한 전문성이 인증된 인적 자원은 강사로 채용하고 정부가 활동비를 지급.

9) 덴마크

(1) 기본적인 형태와 특징: 시민주도의 기원을 지니는 모델이나 정부 지원형으로 안착된 보넬

(2) 기본적인 사례와 특징

160 여년의 역사(1856년 Grundtvig가 창설)를 지니며, 청소년에서 성인에 이르는 폭넓은 참여 대상이 특징임. 특히 청소년들을 대상으로 제공되는 자유중등학교(efter skole)는 자립적인 생활, 자아 성찰과 삶의 전망 모색 등을 핵심적인 목표로 하고 있기 때문에 교육적 가치 및 의미가 지대함. 성인 대상의 시민대학(folke heue skole)은 희망 분야의 학습을 자유롭게 할 수 있으며 국가가 75%의 교육비를 부담. 기숙제 학사과정을 운영하는 점이 특이한데, 주 교육내용은 철학, 정치, 문화, 예술 등이며 장기코스(6개월)와 단기코스(3개월)로 나뉨. 이러한 시민대학은 전국적으로 100개 이상 운영되고 있음.

4. 시민교육의 방향과 전망

시민교육은 대체로 두 방향에서 정착되어야 할 것이다. 첫째, 더불어 함께 사는 창의적인 민주시민을 양성하는 시민교육, 둘째, 평생교육으로서의 시민교육이 그것이다. 그래서 다음과 같은 주제를 포괄하는 교육 프로그램이 필요하다고 하겠다.

첫째, 삶(의미, 보람, 성찰, 욕망, 행복), 관계(나눔, 소통, 믿음, 갈등과 조화, 자유와 책임), 공동체 사회(나, 너, 우리, 감동과 감흥, 관용, 공감, 공존) 등에 관한 학습과 실천(나를 위한 삶, 세상을 위한 삶, 창조적인 삶)을 망라하는 교육 프로그램을 구성할 필요성이 제기된다.

둘째, 삶의 방식을 새롭게 기획하여 사회적 역할과 진출을 모색하고, 그러한 사회적 역할이 직업으로 연결될 수 있도록 하는 교육 프로그램도 요청된다.

마지막으로 한국의 현실로 볼 때, 시민교육이 시민 모두를 위한 포괄적 시스템을 어떻게 갖추느냐, 그리고 정권이나 특정 정당의 지방자치단체장에 의해 부침하지 않는 지속가능한 연속성을 어떻게 유지하느냐 하는 것이 과제로 남아 있다고 하겠다.

2장 대학 시민교육의 실제

우기동

1. 대학 시민교육의 의미

1) 대학 시민교육의 필요성

대학의 교양교육이 '개인적인 만족과 공공선'을 추구하는 교양인을 길러내는 것이 목표라고 한다면, 그러한 교양인이 민주사회에서 '시민'으로 살아가기 위한 역량을 길러 주는 것이 '시민교육'이라 할 수 있다. 시민교육은 교양교육의 중요한 한 축인 셈이다. 다시 말하자면 민주사회에서 주체적 역량을 갖춘 '시민되기'는 공동체적 삶을 살아가는 교양인의 필수요건이다. 따라서 대학에서 공공체적 삶을 살아가는 민주시민을 양성하기 위한 시민교육의 필요성이 제기된다.

민주사회에서 주체적 역량을 갖춘 성숙한 시민되기 교육 또한 대학의 교육적·사회적 책임이라 할 수 있다. 루소의 말처럼 청년은 '생활'을 위해 두 번째 탄생한다. 이 '제2의 탄생'을 통해 청년은 스스로의 삶의 주인이 되어야 하고, 공동체 안에서 정치적으로 또 사회적으로 주체로 다시 태어나야 한다. 정치적 주체는 민주사회에서 시민적 덕목을 갖춘 '시민'으로 거듭 태어나는 것이고, 사회적 주체는 원만하고 합리적인 사회적 관계를 맺고 살아가는 따뜻한 이웃, 즉 '공동체 성원'으로 거듭 태어나는 것이다. 대학의 시민교육은 청년들이 '시민'으로서 '공동체적 삶'을 살아갈 수 있도록 지적·윤리적·사회적 능력과 역량을 길러주는 교양교육이며, 그러한 능력과 역량을 갖추어 '제2의 탄생'을 하도록 돕는 산파교육이다. 대학에서의 시민교육은 이러한 성숙한 시민이 탄생할 수 있는 교육과정을 구성하고 문화적 조건을 만들어가야 한다.

그래서 대학 시민교육은 기본적으로 시민의 덕목과 성숙성(능력)에 초점이 맞추어져야 한다. 시민의 덕목은 일반적으로 '자율성'과 '책임'이다. 자율성(autonomy)은 주체적으로 사고하고 판단하는 능력이다. '주체적 사고와 판단'은 인간의 이성(logos)에 의해 이루어진다. 그래서 자율성은 이성적으로 판단하고 결정하는 능력에 기반을 둔다. 책임(responsibility)은 '~의 결과' 대한 책임이다. 우리는 사회적 삶에서 마주하는 온갖 종류의 문제나 일(사건, 사태, 현안 등)과 관련해서 어떤 경우에는 '선택'의 문제에 직면하고 또 어떤 경우에는 '행동'의 문제에 맞닥뜨리게 된다. 그 때 우리는 자유의지에 따라 선택하고 행동한다. '선택'과 '행동'은 나의 '자유'다. 사회적 관계와 사회적 삶 속에서 나의 '선택의 자유'와 '행동의 자유'는 어떤 결과를 낳는다. 그 결과에 대한 책임은 선택과 행동의 자유를 누린 나의 책임이다.

그리고 시민의 덕목에서 빼놓을 수 없는 것이 '관용'의 능력이다. 관용은 타인의 주장을 듣고 이해하려는 능력이고, 다양성을 인정하는 열린 마음이며, 공존의 윤리를 지키려는 삶의 자세다. 볼테르는 관용의 가치를 가장 극적으로 표현하고 있다. "나는 당신의 생각에 동의하지 않는다. 그러나 당신이 그 생각을 표현할 수 있는 자유를 지켜주기 위해서라면 나는 내 목숨도 내놓을 용의가 있다."

그리고 자율성, 책임, 관용이라는 시민의 덕목은 지적, 윤리적, 사회적 성숙성(능력)을 요청한다.

- 지적 성숙성(능력): 사회적 삶에서 마주하게 될 온갖 종류의 문제들을 합리적으로 분석하고 이성적으로 판단하고 결정하는 능력.
- 윤리적 성숙성(능력): 지식과 실천을 연결하는 능력, 인간의 보편적 가치를 실현하고자 하는 능력.
- 사회적 성숙성(능력): 인간의 복잡한 감정과 심리적 현실들을 이해하고 해석하여 세계의 다양한 정치적 사회적 문화적 문제들을 여러 각도에서 볼 줄 아는 능력, 개인들 혹은 집단들 사이에서 상충하는 이해관계를 조정하고 소통, 연대, 협력의 가능성을 확장하는 능력.

2) 대학 시민교육의 목표

시민교육의 필요성과 연관해 볼 때, 시민교육은 민주주의의 가치를 지키고 더욱 건강하고 합리적인 공동체 사회를 만들어가기 위해 지적 윤리적 사회적 능력을 갖춘 사회적 주체로서의 시민을 양성해야 하는 목표가 있다. 이러한 시민교육의 목표를 좀 더 구체화하면 다음과 같이 정리해 볼 수 있겠다.

- 주제파악 능력.
- 문제를 체계적으로 분류해서 다루는 능력(통찰력).
- 특정 쟁점을 다양한 시각으로 바라보는 능력.
- 전문적 개인적 시민적 맥락에서 판단하고 실천하는 능력.
- 윤리적 원칙에 충실한 능력.
- 공동체와 세계에 공헌(봉사)하는 능력.

3) 대학 시민교육의 의미

대학의 시민교육은 왜 사회적 주체로서 시민의 공동체적 삶의 문제를 가르쳐야 하는가? 우리는 왜 '공동체'에 관해 고민해야 하는가? 사회적 관계는 '나(인간, 개인)'라는 존재의 '삶의 관계'이며, 사회는 '나(인간, 개인)'라는 존재의 '생활의 세계'이다. 나와 사회의 관계는 곧 '나인 우리, 우리인 나'라는 공동체적 의식의 토대요, 공동체적 삶의 기초다. 그렇기에 나와 사회는 통일적으로 연관·구성되어 있으며, 그래서 통일적으로 파악되어야 한다. 여기에는 소통에 의한 자유로운 인간들의 합리적인 관계가 전제되어 있다. 인간의 이러한 사회적 관계를 아리스토텔레스는 '인간은 사회적 동물이다'라는 명제로 표현했다. 아리스토텔레스에 의하면 인간은 언어를 통해 의사를 전달하는 언어적 동물(소통)이고, 또 언어를 매개로 이해관계와 갈등을 풀어가는 정치적 동물(공감)이며, 이러한 소통과 정치를 바탕으로 함께 살아가는 사회적 동물(공존)이다.

이러한 사회적 관계는 삶의 관계나 생활의 영역과 연관해서 다층적으로 이루어져 있다. 운명공동체(민족), 인류공동체, 교육공동체, 경제공동체(일자리), 생활공동체, 문화공동체 등으로 구별되기도 하고, 가족공동체, 학교공동체, 마을공동체, 지역공동체, 국가공동체, 지구촌 공동체 등으로 분류되기도 한다. 이처럼 사회적 관계의 상대적 단위인 공동체는 우리들이 더불어 함께 살아가는 삶의 현장이고 생활 공간이다. 이러한 삶의 현장과 생활 공간에서 형성되어 나타나는 사회적 의식이 바로 공동체 의식이다. 그래서 공동체 의식은 구성원들 모두 따뜻한 이웃으로 더불어 함께 살아가고자 하는 '삶의 방식'의 표현이다. 결국 대학에서의 시민교육은 개인적으로 만족하면서 공공선을 추구하는 공동체적 삶을 살아가고자 하는 민주시민을 양성한다는 데에 그 의미가 있다.

2. 대학 시민교육의 국내 사례: 경희대

1) 교육방법: 어떻게 가르칠 것인가?

(1) 학습자 중심의 교육방법

- 일방적 강의와 지식 습득이 전부가 아니며, 스스로 문제점을 찾고, 질문하고, 답을 찾아가는 교육과정이 되게 한다.
- 잘못된 것에 대한 비판을 통해 문제 해결력을 갖도록 하며 자기주도적인 학습이 이루어질 수 있도록 배려하는 것이 필요하다.
- 학습자가 자신이 처한 현실의 여러 가지 상황, 즉 정치·사회·경제·문화적 여건을 파악하고 이해관계를 분석할 수 있는 능력을 가지게 되며, 정치적 과정을 통해 자신의 이익을 관철하거나 더 나아가 공공성 관련 문제를 해결하는 능력을 학습하게 된다.

(2) 통합적 교육방법

- 나의 삶의 문제와 사회(세상)의 문제를 하나로 통합한다.
- 학습자들의 집중을 높일 수 있도록 관심/전공/현업분야와 교육과정 간의 적절한 통합도 필요하다.
- 나·가족·이웃·지역·국가·세계가 만나는 교육과정을 지향한다.

- 삶을 바꾸고, 지역을 바꾸고, 세계를 바꾸는 교육을 강조한다.

(3) 성찰적, 다원적 교육방법

- 실제적인 진리탐구는 공백, 모순, 갈등, 상호작용 속에서 이루어진다. 절대적인 진리란 없다. 우리 각자는 공백 앞에 서 있는 탐색자이다(파커 J. 파머).
- 특정 이데올로기를 주입시키거나 기존의 상태에 무비판적으로 순응하게 하는 것은 진정한 의미에서 교육이 아니다.
- 다양한 계층·이념·세대 간 만남과 대화, 성찰적 접근을 유도한다.

(4) 협력자, 촉진자로서의 교수

- 문제의식은 시민들 스스로 선택 결정할 수 있도록 하고, 교육자는 조력자(facilitator) 역할을 담당한다.
- 다양한 경험과 실패에 용기를 북돋워주고 격려를 아끼지 않는다.
- 심리적 압박감과 불안감, 두려움을 극복하는 데 칭찬과 용기가 큰 힘이 될 것이다.
- 질문과 입장 표명을 당당하게 할 수 있게 긍정성을 심어준다.

2) 교육 내용

(1) 이론 교육의 측면

경희대 시민교육 교과의 교재(『제2의 탄생』, 경희대학교 출판문화원, 2016)의 목차를 소개하면 다음과 같다.

제1장: 시민과 시민권의 역사	- 역사적 존재로서 시민 - 생명권과 재산권 논쟁 - 시민권과 사회계급
제2장: 시민권의 현재적 쟁점	- 개인주의와 시민권 - 시민의 권리와 책임 - 세계화 시대에서 타자의 권리
제3장: 시민의 존재와 시민권 실현의 기반-정치 영역	- 왜 민주주의인가? - 절반의 인민주권 - 민주화 이후의 민주주의
제4장: 시민의 존재와 시민권 실현의 기반-경제 영역	- 자유로서의 발전 - 정부와 경제 - 신자유주의 혁명의 기원 - 불평등과 민주주의의 위기
제5장: 시민적 실천	- 지속가능한 세계로 가는 길 - 더 나은 세상, 시민의 삶

(2) 실천 교육의 측면

시민교육의 실천교육은 주로 현장활동으로 이루어진다. 현장활동(봉사활동 포함)이란 우리 주변의 삶과 생활에서 이루어지는 모든 자발적인 활동을 의미한다. 현장활동은 자신의 의지와 선택으로 이웃, 지역사회, 국가, 세계에서 일어나고 있는 각종의 문제를 해결하기 위해 자발적으로 또 적극적으로 참여함으로써 사회 발전과 변화를 이루어 내는 것이다. 현장활동은 가진 사람이 가지지 못한 사람에게 일방적으로 베푸는 시혜적 활동이 아니라 쌍방의 교류를 통해 현안의 문제를 해결하고 인간 생활에 필요한 가치를 실현하는 나와 너, 우리의 공동의 활동이다. 그래서 현장활동은 나와 너, 우리 모두의 능력을 향상시키는 교육적 효과를 낳는다. 시민교육의 현장활동이 갖는 교육적·실천적 의미를 다음의 네 가지로 목록화할 수 있다.

① 문제해결의 상상력과 능력 키우기

〈물음〉 어떤 일들이 어디에서 어떻게 벌어지고 있는가?

- 현실 알기: 무엇이 문제인가?
- 탐색하기: 문제의 경과는 어떠하고 사회에 어떤 영향을 미쳤는가?
- 상상력 키우기: 나라면 이런 문제를 어떻게 해결할 것인가?

② 세계알기와 경험확장

〈물음〉 누가 어디에서 무엇을 하고 있는가?

- 공감: 그들은 누구인가?
- 신뢰: 그들을 어떻게 이해할 것인가?
- 소통: 그들과 어떻게 관계할 수 있는가?
- 연대: 그들과 함께 할 수 있는 일은 무엇인가?

- 공존: 갈등은 무엇이고 어떻게 풀 수 있는가?

③ '더 나은 인간' – 자기변화

〈물음〉 무엇을 느끼고 어떻게 변해 갈 것인가?

- 앎: 무엇을 알아야 하는가?
- 실천: 어떻게 실천할 것인가?
- 삶: 어떤 가치를 세울 것인가?

④ '더 나은 세계' – 미래문명 만들기

〈물음〉 무엇을 어떻게 만들 것인가?

- 인간에 대한 책임: 관계 맺기, 나누기, 함께하기
- 사회에 대한 책임: 불편하고 불평등한 사회제도 변화시키기
- 역사에 대한 책임: 정의로운 민주사회 발전시키기
- 문명에 대한 책임: 인간의 보편적 가치를 실현하는 새로운 문명 창조하기

현장활동의 말 그대로 '현장'은 사람들이 살아가는 장소만큼이나 다양하기 때문에 일정한 기준이나 틀로 나누기는 쉽지 않다. 다만 현장활동을 기획하고 구상하는 데 도움이나 참고가 될 수 있다. 다음과 같이 범주별로 목록화할 수 있다.

범 주	현 장 활 동
권력 감시	– 선거참여활동(공약제안, 투표율 제고 활동, 후보자 지지활동을 위한 자원활동, 불법선거자금 감시 등) – 20대 정치참여 홍보 활동 – 국정 및 의정 감시 모니터링, 거짓말하는 정치인 모니터링 – 기업 감시, 소비자권리운동
사회적 소수자 권리옹호	– 여성, 장애인, 아동, 노인, 성소수자, 다문화 이주민 등 사회적 약자, 소수자와 노동자, 농민 등의 권리옹호를 위한 실태와 법제도의 문제점 조사
사회복지적 나눔활동	[협의의 사회복지] – 실태조사: 장애인 편의시설 조사, 소수자 인권 실태 조사, 차상위계층 실태 조사, 지하철 이동권 등 편의시설 실태 조사 – 보건·의료: 재활치료, 간병활동, 의료보조활동, 한방진료, 의료상담활동 등 [광의의 사회복지] – 전 국민들을 대상으로 한 예방차원의 사회복지와 건전한 사회관계 형성을 위한 각종 문화복지시설 자원활동

3. 해외 대학시민교육의 사례[1]

1) 미국 대학 시민교육의 역사적 흐름

1920년대 이후 대학 교육에서 도덕적 시민적 관심 분야는 중심에서 여백(덤)으로, 학술연구의 주변부로 전락한다. 대학의 운영은 학과 중심으로 이루어지고, 교육(가르침)보다 연구를 강조하는 교수 보상 체계를 갖추게 된다. 그리하여 학술 활동(academic life)과 학생 생활(student life)의 분리 현상이 나타날 뿐만 아니라 대학교육의 상업화에 따라 시장권력에 순응하고 수용하기에 이른다.

도덕적 시민적 아젠다를 실천할 전략이 필요해졌고, 교육과정(커리큘럼) 설계, 교육학(방법, 체계), 평가 방법, 교수의 역할, 교수의 자기 계발이라는 대학 혁신의 과제를 안게 되었다.

(1) 19세기 대학의 시민교육

지식, 도덕, 시민적 실천의 연관성 속에서 대학 교육이 이루어짐으로써, 시민교육은 인생 준비(도전)를 위한 촉진제 역할을 하였고, 민주주의를 유지하기 위한 공화국의 이상을 가르쳤고, 시민의 덕목을

---

1 Anne Colby et al., *Educating Citizens* (San Francisco: Jossey-Bass, 2003) 제2장 참조.

함양시켰다. 물론 19세기 미국의 시민 교육도 고등교육을 지배하고 있던 종교적 관심사와 믿음에 바탕을 두고 있었다. 따라서 종교를 전제로 한 시민교육이 이루어졌다. 그렇지만 초기 고등교육은 영국이나 유럽보다 미국이 민주적이었다(1800년대 영국: 4개 교육기관, 2만 3천 명 정도, 1910년 경 미국: 1천 개 대학, 30만 명 정도, 프랑스: 16개 대학, 4만 명 정도).

대학의 시민교육은 미국식 시민적 가치, 평등주의, 공화국 시민과 리더 양성을 위한 역할을 수행하였고, 사회적 경제적 영향력도 수반하였다.

(2) 근대 이후 대학의 시민교육

20세기 초 미국 고등교육의 특징은 열린 기회라고 말할 수 있다. 말하자면 규모와 양에서 훨씬 다양한 대상, 점진적 세속화(탈종교화), 실용교육과 직업교육의 강조, 과학적 설명(교육)과 연구가 이루어졌다. 독일 대학의 모델(전문화, 학술연구, 학문자유)을 광범위하게 채택하였다. 그 결과 전문 분야 연구와 새로운 지식 창조를 통해 학생들을 전문가로 훈련시키는 경향이 뚜렷이 나타나기 시작했다. 연구 결과의 차별화와 생산성을 강조하고, 핵심 교육과정이 고전학습과 종교적 주제에서 과학적 실용적 주제로 대체되었고, 전문화(전공)와 교육과정(교양과 시민교육)이 분화되었다. 이리하여 과학적 탐구는 대학교육의 지배적 모델이 되었고, 자유롭게 열린 과학적 탐구는 '도덕적 우월성과 지적 선물을 제공하고 사회적 진보를 촉진한다.'고 주장하였다.

그리하여 한편에서는 혁신적 교양교육 운동을 전개하고, 교양교육과 전공의 균형을 시도하는 흐름도 나타났다. 획기적인 계기는 하버드 대학의 'Red Book' General Education in a Free Society(1945)였다. 중핵교과(a strong core curriculum, 교양필수)를 개설하여 인문학, 과학, 사회과학, 도덕적 시민적 특성, 과학과 서구 휴머니즘의 전통(자유와 민주주의) 등을 가르쳤다. 이러한 변화는 비슷한 시기 여러 대학으로 확산되었고, 인문학적 융복합 핵심 교과를 중요시하게 되었다.

그러나 같은 시기에 전체적인 흐름은 과학의 가치중립, 도덕과 과학적 지식의 분리, 학술적 연구와 시민적 학습의 분리 등등에 관한 주장이 훨씬 영향력이 컸다. 말하자면 시민교육에 관한 관심은 상실되었고, 지적 학습과 도덕적 시민적 학습은 분리되었으며, 시민교육은 비교과 프로그램으로 전락하였다. 결국 지적 개인적 능력을 개발하기는 어려웠으며, 그 정도는 19세기 후반보다 훨씬 심각하였다.

이렇게 볼 때 미국 대학교육(고등교육)은 시민교육의 도전과 응전의 역사라 말할 수 있다. 고등교육의 구조적 제도적 특성으로 인해 시민교육은 정착하는 데에 많은 어려움이 있었고, 그래서 대학 시민교육의 역사는 교육과정의 협소한 분야로 점차 분리되어 들어갔다고 볼 수 있다.

2) 미국 대학 시민교육의 새로운 도전

실제 생활현장에서의 시민적 쟁점과 도덕적 문제는 융복합적 능력, 복잡한 문제 해결 능력, 통합적 사고력, 사회적 책임감을 요구하고 있다. 그래서 책임 있는 시민, 참여하는 시민의 의미를 다시금 깨닫고 그런 시민의식을 함양해야 하는 '새로운 도전'에 직면해 있다. 바꾸어 말하자면 시민교육의 기회가 왔다고 볼 수 있다.

잘 팔리는 기술, 고소득 직업 훈련 등을 선호하는 학생들의 경향과 고등교육의 경쟁적 시장화는 자기계발을 중요시하는 교양교육과 시민교육의 장애 요인임은 분명하다. 그러나 직업을 갖기 위한 준비(캐리어 쌓기)는 결코 시민의식 성장교육과 대립적이지 않고, 오히려 대학의 지적 공동체는 사회적으로 폭넓은 틀 속에 직업 목표를 끼워 넣을 수 있는 기회다. 그래서 대학의 시민교육은 기본적인 보편적 공통 가치를 발견하고, 화합하는 캠퍼스 문화를 만들고 그에 부합하는 교육 프로그램을 마련함으로써 다양성(생각과 문화적 차이 등)을 이해하고 존중하는 책임 있는 시민을 양성할 수 있다.

실제로 학생들은 물론 사회에서도 지식과 기술습득 외에 다양한 방식의 소통능력과 탐구능력, 통합적 사고 능력, 성찰적 판단력, 문화적 교류 능력, 복잡한 삶(사회적, 직업적) 속에서 문제를 해결하는 리더십과 책임감, 글로벌 의식 등을 요구하고 있다. 이것이 미국 대학에서 시민교육의 필요성이다.

최근의 경향은 매우 희망적이다. 시장적 접근, 상업화, 폐쇄적 전문화, 교육기관 간의 경쟁 등을 극복하고 고등교육의 공공성을 정착시키려는 노력들이 빠르게 확산되고 있기 때문이다. 가령, 캠퍼스의 시민참여, 공동체 교육, 지역공동체와의 연계 등을 핵심 사업으로 하는 Campus Compact-sponsored Aspen Institute(1999년)에 무려 700여개의 대학이 참여하고 있다. 또한 카네기재단은 발견의 학문과 더불어 가르침의 학문, 응용, 통합 등을 기치로 내걸고 있다. 이제 academic agenda는 '가르침(teaching)과 배움(learning)'의 합일이다. 그래서 미국의 대학 시민교육은 희망적이다.

4. 대학 시민교육의 방향과 전망

시민교육은 '시민적 존엄성'에 근거하고 있다. 나아가 시민적 존엄성은 민주주의 사회를 위해 '참여의 권리와 책임' '생산의 권리와 책임'에 근거하고 있다. 그리고 대학의 시민교육은 이러한 권리와 책임을 갖춘 시민을 길러내야 한다. 이를 위해 대학의 시민교육은 다음과 같은 교육과정을 체계화해야 한다.

- 첫째. 인간, 사회, 자연, 역사에 대해 다각적으로 이해하고 창조적으로 탐구할 수 있는 교육과정.
- 둘째, 온갖 정보와 지식, 상충하는 진리 주장들, 상이한 가치관, 경쟁적 주장과 의견 등을 합리적으로 판단하는 능력을 길러주는 교육과정.
- 셋째, 성찰의 능력을 길러 사적 이익과 공적 이익을 분별하고 공동체적 가치를 체득하게 하는 교육과정.
- 넷째, 열린 정신, 지구사회적 삶의 자세를 갖추어 국적, 인종, 집단의 울타리를 넘어서는 세계시민적 역량을 함양하는 교육

과정.

- 다섯째, 심미적 교감과 표현의 능력, 예술적 창조성을 존중하는 능력, 사회의 역사적 경험들을 공유하고 문화적으로 교호하는 능력 등을 기르는 교육과정.

서울 시민대학의 사례에서 보듯, 우리 사회에서 인문학을 중심으로 하는 일반 시민 대상의 시민교육이 빠른 속도로 확산되고 있다. 이러한 사회적 흐름은 대학의 시민교육에도 상당한 영향을 미치고 있다. 그래서 대학에서 시민교육은 위에서 언급한 교육과정을 적절히 체계화한다면, 인간적 가치의 측면에서 또 사회의 시대적 요청의 측면에서, 희망적이라 할 수 있다.

3장 시민교육 교과의 이론학습[1]

김윤철

1. 이론학습의 필요성

시민교육에서 이론학습은 주권자 역량을 강화하기 위한 시민적 지식의 습득과 적용을 위해 필요하다. 시민적 지식의 습득과 작용은 크게 네 가지 사항과 관련되어 있는데, '현실 상황과 행동규범의 설정', '우선순위의 설정', '권위의 형성', '협력과 연대 주체로서의 시민의

1 이 글의 1절과 4절은 주로 민주화운동기념사업회 한국민주주의연구소가 수행한 연구과제 『공동체와 민주주의 발전을 위한 시민교육』(2016-1)에서 필자의 졸고 「시대조응적 시민교육' 모형의 구상」을 재구성해 작성하였다.

발견'이 바로 그것이다. 이는 공동체가 직면해있고, 시민적 삶에 크게 영향을 끼치는 문제들을 해결하기 위한 요소들이다. 특히 서로 다른 이념과 이해관계가 상충하는 가운데에도, 시민들이 경쟁 혹은 협력하며 공적 의제를 설정하고, 담론을 형성하며, 정책을 도출해내기 위한 것이다. 이러한 실천을 위해 갖추고 있어야 할 것이 시민적 지식이고, 이를 습득하고 적용의 범주를 확인하는 것이 이론학습인 것이다.[2]

1) 현실 상황과 행동규범의 정의

이론학습이 필요한 첫 번째 이유는 상황과 행동규범을 정의하고 설정하기 위해서이다. 공동체가 어떤 상황에 처해 있는지, 따라서 시민적 삶에 어떤 영향을 미치는지에 대한 판단력을 키우는데서 출발해야 한다는 것이다. 이를 통해 시민과 공동체에 이로운 선택을 할 수 있을 것이기 때문이다.

특히 어떤 균열과 갈등의 사안들이 존재하는지, 그 요인은 무엇이며, 강도가 어느 정도인지를 파악할 수 있도록 하는 것이 필요하다. 균열과 갈등으로 인해 공동체의 기반이 무너질 수 있기 때문이다. 또

2 이런 의미에서 이 글에서 말하는 이론학습은 기존의 특정 (이념적 관점에 근거한) 이론에 대한 학습을 가리키지 않는다. 그것이 필요할 경우도 있겠으나, 어디까지나 시민교육의 이론학습은 특정 이론을 추종하기 위한 것도 우월성을 입증하기 위한 것도 아니다.

개인의 생존과 권리가 위협을 받을 수 있기 때문이다.

시민교육은 시민들이 상황에 대한 정의를 내릴 수 있도록 공동체 현실에 대한 지식과 정보를 제공해야 하며, 현실을 분석하고 해석할 수 있는 틀과 언어를 제공해주어야 한다. 유의할 것은 현실 분석과 해석의 틀과 언어가 타자에 대한 편견을 조장, 강화, 유포하는 것이어서는 안 된다는 것이다. 이념과 이해관계의 차이에도 불구하고, 타자를 적대화하는 방향으로 나아가서는 균열과 갈등의 원활한 해결이 어렵기 때문이다. 따라서 현실에 대한 분석과 해석의 틀과 언어는 서로의 차이에 대한 존중, 적대성의 완화, 양보와 대안 제시, 동의와 합의 지점의 도출이라는 성격을 띠는 것이어야 한다. 이는 옳고 그름, 좋고 나쁨, 맞고 틀림을 선험적 가정에 의존해 규정해서는 안 된다는 것이다.

상황에 대한 정의가 내려지면, 그러한 상황에서 어떤 태도를 취하고, 어떤 선택을 해야 하는지에 대한 규범을 도출할 수 있도록 해야 한다. 시민교육은 현실에 대한 분석과 해석에 그쳐서는 유용성을 확보할 수 없다. 즉 이론학습 그 자체에 머물러서는 안 된다는 것이다. 이론학습은 현실에 대한 분석과 해석에 기초해 구체적인 행동의 지평을 선보임으로써, 문제해결의 가능성과 전망을 제시할 때에 필요성을 인정받을 수 있다. 문제해결은 결국 인식이 아니라 행동의 결과로 얻어지기 때문이다. 즉 시민교육은 해결이라는 말의 의미를 행동의 성과로 이해해야 한다. 하지만 시민교육이 문제해결을 위한 행동 그 자체라고 할 수는 없다. 문제해결은 교육현장이 아니라, 문제의 현장, 삶의 현장에서 이념과 이해관계가 다른 성원들 간의 전략적 경쟁과 협력의 관계 속에서 이루어질 것이기 때문이다. 따라서 시민교육은 행동의 규범을 제시하는데 초점을 맞추어야 한다. 이때 시민적 실천은 규범적일 뿐만 아니라, 현실적이어야 한다. 어느 한 편이 다른 한 편을 사멸시킬 수 없는 현실을 인정하고, 배제가 아닌 포괄을 원칙으로 삼는 선택을 해야 한다는 것이다. 또 최선의 선택이 있음을 가정해, 서로 동의하고 합의할 수 있는 차선의 선택–사실상의 최선의 선택–을 회피해서도 안 된다는 것이다.

2) 우선순위의 설정

시민이 주권을 행사한다는 것은 정치적 실천을 한다는 것에 다름 아니다. 이때 가장 중요한 것이 바로 우선순위의 설정이다. 이것이 이론학습이 필요한 두 번째 이유이다.

"민주주의 정치에서 용서할 수 없는 죄악은 대중의 권력을 사소한 문제들에 사용함으로써 이를 낭비하는 것이다." 민주주의와 정당이론에 큰 영향을 끼친 미국의 정치학자 샤츠슈나이더의 말이다.[3]

무엇이 중대한 것인지 아닌지 혹은 무엇이 사소한 것인지 아닌지를 둘러싸고 논란의 여지가 있다. 하지만 샤츠슈나이더의 말은 정치가 기본적으로 우선순위를 결정해야 하는 실천임을 상기시켜준다. 즉

---

3 E. E. 샤츠슈나이더, 현재호·박수호 역, 『절반의 인민주권』(서울: 후마니타스, 2008).

중대한 문제를 우선 다루어야 하는 것이 정치라는 것이다.

현대 문명은 공동체의 유지와 발전을 위협하는 매우 다양한 문제들을 배태했다. 인종, 계급, 지역, 종교, 성 문제를 둘러싼 균열과 갈등들이 그 예이다. 이들 균열과 갈등들은 어느 하나 중요치 않은 것이 없다. 모두가 상황에 따라 공동체의 안정과 평화를 깨뜨리고 시민을 불안과 전쟁으로 몰아넣을 수 있다. 하지만 우선 해결해야 할 균열과 갈등이 무엇인지를 판단하고 선택해야 한다. 그런데 이때 유의할 것이 있다. 우선순위를 정해야 하는 이유다. 아마도 많은 사람들이 문제 그 자체의 중대성 때문이라고 할지 모른다. 하지만 틀렸다. 우선순위를 정해야 하는 이유는 다름 아닌 상황적 특성과 자원 및 능력의 제한성 때문이다.

이는 균열과 갈등을 겪는 문제가 아닌 경우를 살펴보아도 확인할 수 있다. 가령 성장, 일자리 창출, 물가 안정 중 어느 하나 중요치 않은 것이 없다. 하지만 셋을 동시에 충족시킬 수는 없다. 성장을 중시해 적극적인 재정정책을 써서 투자를 늘리면 일자리를 늘릴 수는 있으나, 물가는 오르게 된다. 이 때문에 물가를 안정시키고자 긴축재정을 쓰면서 투자와 경기가 위축되고 성장이 둔화되어 일자리를 늘릴 수 없게 된다. 따라서 어떤 공동체가 직면한 현실에서 어떤 문제를 보다 먼저 해결해야 할지 그 우선순위를 설정할 수 있어야 한다. 이때 이론학습은 우선순위를 설정함에 있어 그 근거와 논리를 발굴하기 위한 것이다.

3) 권위의 형성

시민의 주권자 역량 강화는 권위 있는 리더십, 좋은 리더십을 필요로 한다. 정치사회적 갈등과 분쟁을 공공화함으로써 사회적 약자를 보호하고, 공동체의 유지와 발전의 계기로 삼을 수 있기 때문이다. 시민교육에서 이론학습은 무엇이 보다 좋은 리더십인지를 판별하고, 그것을 형성하기 위한 기준과 방안을 모색하기 위해 필요하다. 이것이 시민교육에서 이론학습이 필요한 세 번째 이유이다.

상황과 행동규범을 정의하고, 그에 입각해 우선순위를 설정하기 위해서, 또 그것에 대해 사회적 동의를 얻어 합의에 이르기 위해서는 권위 있는 리더십을 형성할 수 있어야 한다. 이때 제일 중요한 것이 바로 리더십(leadership)과 팔로우십(followship)의 관계에 대한 이해이다. 좋은 팔로우십이 좋은 리더십을 만든다는 것에 주목해야 한다.

특정 리더십에 대한 자신의 지지 혹은 선호 여부와 상관없이, 공익을 위한 민주적 절차와 숙의의 과정을 거친 결정에 대해서는 존중을 표하고 따름으로써 권위를 부여하고 인정해야 한다.

권위 있는 리더십을 형성하기 위해서는 다수에 대한 의존보다 소수에 대한 보호를 우선해야 한다. 권위 있는 텍스트도 필요하다. 특히 헌법의 위상과 역할에 주목해야 한다.[4] 즉 권위의 형성을 위해 시민교육은 헌정적 가치와 규범을 명시하고 있는 헌법에 기초해야 한다.

---

4 이국운, 『헌법』(서울: 책세상, 2010) 참조.

헌법은 최소한의 합의, 최소한의 공유된 가치에 기반하고 있다. 현실적으로도 바람직하냐의 여부를 떠나 헌법재판소가 정치·사회 갈등의 분쟁 해결 기제로서 역할을 하고 있다. 따라서 '관념의 헌법'을 탈피하고 헌법을 텍스트 삼아 현실을 논의할 수 있도록 해야 한다. 하지만 외국과 비교했을 때 헌법 교육이 대단히 취약하다. 미국은 초등학교에서 헌법을 가르치는데, 우리는 중·고등학교에서도 헌법 교육을 하지 않는다. 헌법은 주권자인 국민 누구나 알 수 있어야 한다. 헌법이 다른 개별법보다 쉽게 규정돼 있는 것도 그 때문이다. 현실 정치세력도 헌법에 근거한 정치담론이나 정책 마련 활동이 미약하다. 헌정체제 완성이 얼마 안됐고, 그간 헌법의 위상이 낮았기 때문이다. 하지만 이제는 헌법을 주요 텍스트로 삼아 논쟁하고 정책을 정해야 한다. 시민교육이 이론학습을 수행함에 있어 주목해야 할 지점이다.

4) 협력과 연대 주체로서의 시민의 발견[5]

마지막으로 시민교육에서 이론학습이 필요한 이유는 시민이라는 주체 형태의 성격을 자각하기 위한 것이다. 주권자는 만드는 것이 아니라, 발견하는 것이다. 통상 시민은 '자유로운 개인'이라는 것으로 이

5 이와 관련해서는 김윤철, 「한국 시민의 실존양식: 분할과 인간의 위기」, 『정치평론』, vol. 10 (2012), 239; 「사회의 전환과 새로운 주체의 발견에 대한 단상」, 『진보평론』 51호 (2012, 봄호) 참조.

해되어진다. 이때 자유는 근대 민주주의 역사의 과정에서 신과 군주로부터의 자유를 의미한다. 그리고 개인은 바로 그 자유가 구현되는 주체의 단위를 가리킨다. 더 이상 쪼개질 수 없는 그 자체로 완결된 주체. 신과 군주로부터 독립적이고 자율적인 개인. 이성적으로 사고하고 판단할 수 있는 개인인 것이다. 하지만 이러한 '관념'에 의거할 때, 시민은 주권자로서 역량을 발휘할 수 없다.

시민이 주권자 역량을 발휘하기 위해서는 자유로운 개인으로 산개하는 것이 아니라, 즉 원자화되는 것이 아니라, 공통의 지향을 갖고 협력하고 연대하는 관계를 맺은 집합적 주체가 되어야 한다. 자유는 바로 그러한 관계를 맺을 권리, 즉 시민이 될 권리로서 인식되어야 한다.

협력과 연대라는 관계 맺음을 위한 것이 바로 평등이다. 동등한 존재로서의 인간을 전제할 때, 협력과 연대가 가능하며, 협력과 연대의 관계를 맺을 때에 주권자인 시민을 발견할 수 있다. 이때 평등은 단지 자유로운 개인으로서의 평등, 혹은 법 앞에서의 평등, 경제적 부의 배분의 결과라는 관점에서 조망하는 것을 넘어서야 한다.

바로 이를 자각케 하는 것이 시민교육이다. 즉 시민교육은 시민이 협력과 연대를 통해 주권을 행사할 수 있는 주체임을 스스로 혹은 서로 발견토록 만드는 실천이다. 이론학습은 바로 이를 위해 시민의 역사적 형성과정과 정치사회적 현실의 지형과 시민의 현존 양식 등을 살펴본다. 이를 통해 협력과 연대가 단지 시민의 덕목일 뿐만 아니라, 합리적인 선택이 되기도 한다는 것을 확인한다.

그런데 이론학습에 있어서 협력과 연대주체로서의 시민의 발견은 교육자-피교육자의 관계가 아니라 '서로 배우는 관계'를 맺을 때 가능하다. '모든 사람은 대중이자 지식인'이라며 인간을 역능의 보유자로 보았던 그람시는 교육의 원리를 '모든 교사(지식인)가 곧 학생(대중)이고 모든 학생이 곧 선생이 된다며 서로 배우는 관계에서 찾았다. 랑시에르가 말한 바와 같이 인민(학생)의 지능이 열등하다는 믿음 그 자체가 인민을 바보로 만든다[6]는 것에서 탈피한 교육의 원리에 주목한 것이다. 우리는 교육을 아직도 훈육 및 통제의 기제로 간주할 수밖에 없는 현실을 살고 있지만, 교육은 여전히 중요한 인간관계의 양식이다. 물론 이때의 교육은 그람시가 이미 그러했듯이 학교를 벗어나 사회 전반으로 확장되어진 관계 양식이기도 하다. 그람시는 대중(학생)과 지식인(교사)의 인지방식이 각각 다르다고 하였다. 대중은 '느낌(feeling)'을 통해, 지식인은 '앎(knowing)'을 통해 인지한다는 것이다.[7] 결국 대중이기도하고 지식인이기도 한 인간들은 그러한 배움의 관계를 통해, 느낌과 앎의 교류를 통해 새로운 느낌과 앎과 경험을 얻어 시민으로 생성될 수 있는 것이다.

---

6 자크 랑시에르, 양창렬 역, 『무지한 스승』(파주: 궁리, 2008).

7 안토니오 그람시, 이상훈 역, 『옥중수고 I』(서울: 거름, 1986).

2. 이론학습의 내용과 방법

이 절에서는 이론학습의 주요 내용과 방법을 살펴보고자 한다. 이를 위해 여기서는 한국 대학에서 거의 유일하게 기초필수 교양교과로 시민교육 교과를 개설, 운영하고 있는 경희대 후마니타스칼리지의 사례를 제시하고자 한다.

1) 이론학습의 내용

경희대 후마니타스칼리지 시민 교과 교재 『제2의 탄생』은 총 4개본이 있다. 각각 2011년도 1학기(V.1), 2011년도 2학기~2012년 1학기(V.2), 2012년 2학기~2015년 2학기(V.3), 2016년 1학기~현재 시기에 걸쳐 사용했다. 이 글에서는 이론적 내용들이 빠져 사례모음집의 성격이 강했던 V.1을 제외하고, V.2와 V.3, V.4를 검토 대상으로 삼도록 하겠다.[8]

8 각 장과 절의 세부적인 주제와 텍스트들은 지면상의 관계로 V.2와 V.3의 경우 주로 '세계시민' 관련 부분만 제시하였다. 최근 대학을 비롯한 전체 시민교육 관련 주체들 사이에서 특히 강조되고 있는 교육주제임을 고려하였다.

(1) V.2 (2011년 2학기~2012년 1학기)

V.2는 총 4부 6장으로 구성되어 있다. '시민과 민주주의(제1부)', '시민사회의 정치경제(제2부)', '세계시민과 공존의 삶(제3부)', '사유와 실천으로 떠나는 여행(제4부)'이다. 제4부는 실천교육-현장활동과 관련된 부분이다. 제1부에는 '시민은 누구인가(제1장)', '한국 현대사와 시민 민주주의(제2장)', 제2부에는 '국가와 시장, 그리고 자유(제3장)', '우리사회의 갈등 현실(제4장)' 등의 주제로 되어 있다. 세계시민을 주제로 한 제3부에는 '공존의 윤리(제5장)', '세계시민과 청년(제6장)'이 배치되어 있다. 제3부의 제5장, 제6장을 좀 더 자세히 살펴보면, 5장 공존의 윤리에서는 '공동체를 위협하는 것들', '공존의 윤리', '공동체를 위한 풀뿌리 운동'을 하위 주제로 다루고 있다. 6장 세계시민과 청년에서는 '세계공동체를 상상하다', '세계시민의 실천', '청년, 세계를 만나다'라는 하위 주제로 이루어져 있다. '부-장-절'의 구소 하에 상-중-하 주제를 배치하고, 그에 해당하는 텍스트들을 실어놓았는데, 제3부의 제5장, 제6장에 실린 필자들이 누구인지, 어떤 글들을 실어놓았는지를 보면 아래와 같다.

제5장 공존의 윤리 중 1. 공동체를 위협하는 것들	- 지글러, 유영미 역, 「불평등이 지배하는 세계」, 『세계의 절반은 굶주리는가』(서울: 갈라파고스, 2007). - 아인슈타인·프로이트, 김석희 역, 「전쟁에 반대한나」, 『문명 속의 불만』(파주: 열린책들, 1997). - 칼 마르크스, 김문현 역, 「노동자는 노예인가」, 『경제학 철학 수고』(서울: 동서문화사, 2008). - 얼 쇼리스, 고병헌 외 역, 「정신적 삶의 부재가 나를 붕괴시켰다」, 『희망의 인문학』(서울: 이매진, 2006).

제5장 공존의 윤리 중 1. 공동체를 위협하는 것들	– 루쉰, 정석원 역, 「쇠로 된 방'을 부술 희망」, 『아Q정전·광인일기』(서울: 문예출판사, 2010). – 피터 싱어, 김희정 역, 「지구온난화를 어찌할 것인가」, 『세계화의 윤리』(파주: 아카넷, 2003).
제5장 공존의 윤리 중 2. 공존의 윤리	– 페리클레스, 이정호 역, 「공동체에 대한 헌신」, 『메넥세노스』(서울: 이제이북스, 2008). – 마이클 센델, 이창신 역, 「연대의 의무」, 『정의란 무엇인가』(서울: 김영사, 2010). – 표토르 A. 크로포트킨, 김영범 역, 「상호부조가 윤리적 진보다」, 『만물은 서로 돕는다』(서울: 르네상스, 2005). – 귄터 그라스 외, 이승협 역, 「정치적 우선순위」, 『세계화 이후의 민주주의』(서울: 평사리, 2005). – 김우창 외, 「인간적인 사회의 조건」, 『우리는 무엇을 할 것인가』(서울: 프레시안북, 2008). – 김종철, 「래디컬 민주주의」, 『녹색평론 119』(2011). – 존 롤스, 황경식 역, 「공정으로서의 정의」, 『정의론』(서울: 이학사, 2003).
제5장 공존의 윤리 중 3. 공동체를 위한 풀뿌리 운동	– 칼 폴라니, 홍기빈 역, 「오언주의: 산업사회 안에서의 인간성 회복」, 『거대한 전환』(서울: 길, 2009). – 토머스 포스터, 김종철 편, 「아미쉬: 살아있는 생태공동체」, 『녹색평론선집2』(서울: 녹색평론사, 2008). – 전인순, 「위대한 작은 학교」, 『녹색평론선집1』(서울: 녹색평론사, 2005). – 윤구병·김미선, 「변산공동체학교」, 『변산공동체학교』(서울: 보리, 2008). – 조성주, 「대안적 사회안전망에 말을 걸다」, 『함께 일하는 사회 15』(함께일하는재단, 2010). – 배사은, 「희망청을 쓰다」, 『함께 일하는 사회 16』(함께일하는재단, 2011).
제6장 세계시민과 청년 중 2. 세계 시민의 실천	– 반디나 시바, 「유전자 약탈에 저항하라」, 게세코 폰 뤼프케 외, 김시형 역, 『희망을 찾는가?』(서울: 갈라파고스, 2011). **환경과 생태** – 요시다 타로, 안철환 역, 「샌프란시스코의 도시농업」, 『생태도시 아바나의 탄생』(파주: 들녘, 2004).

第6장 세계시민과 청년 중 2. 세계 시민의 실천	– 다카하타 유우키, 「후쿠시마와 프랑스」, 녹색평론편집부, 김형수 역, 『녹색평론 119』(서울: 녹색평론사, 2011). – 애니 레너드, 김승진 역, 「물, 낭비되어서는 안 될 필수 요소」, 『물건 이야기』(서울: 김영사, 2011). – 김연희, 「릴라씨를 부탁해」 인터뷰, 『잘 생긴 녹색물건, 지구를 부탁해』(서울: 디자인하우스, 2010). **차이와 다양성** – 김형수, 「나는 '나쁜' 장애인이고 싶다」, 김창엽 외, 『나는 '나쁜' 장애인이고 싶다』(서울: 삼인, 2003). **평화와 제3세계** – 요한 갈퉁, 「갈등해결로 가는 길」, 게세코 폰 뤼프케 외, 김시형 역, 『희망을 찾는가』(서울: 갈라파고스, 2011). – 무함마드 유누스, 송준호 역, 「유누스의 그라민 이야기」, 『사회적 기업 만들기』(안양: 물푸레, 2011). – 유병선, 「마이크로소프트를 떠나 '도서관 제국'으로」, 『보노보 혁명』(서울: 부키, 2007).
第6장 세계시민과 청년 중 3. 청년, 세계를 만나다	– 제러미 리프킨, 이경남 역, 「밀레니엄 세대의 변모」, 『공감의 시대』(서울: 민음사, 2010). – 김은선, 「한 여름 밤의 꿈, 동티모르」, 경희내, 『네오르네상스 실천에세이』. – 차미경, 「이주 여성과의 만남, 그 눈물과 깨달음」, 『아시아의 친구들』 게시판(2008-07-28). – 조승혜, 「혼자만의 삶에서 함께하는 삶으로」, 경희대, 『네오르네상스 실천에세이』. – 한지민, 「우리 벌써 친구가 됐어요」, 『우리 벌써 친구가 됐어요』(서울: 북로그컴퍼니, 2009). – 존 프란시스, 안진이 역, 「아름다운 지구인, 플래닛 워커」, 『아름다운 지구인 플래닛 워커』(서울: 살림, 2008).

2011년도 2학기~2012년도 1학기 교재(V.2) 목차

제1부 시민과 민주주의

제1장 시민은 누구인가

1. 시민, 끝나지 않은 질문
2. 왜 다시 민주주의인가
3. 나로부터 시작하는 민주주의

제2장 한국 현대사와 시민 민주주의

1. 시민배제 사회의 비극
2. 시민의 등장과 민주화
3. 시민의 새로운 실천

제2부 시민사회의 정치경제

제3장 국가와 시장, 그리고 자유

1. 시장이 왜 문제인가
2. 정부와 시장
3. 시장의 경계에서

제4장 우리 사회의 갈등 현실

1. 사회갈등과 민주주의
2. 갈등 사회화의 실패
3. 한국 사회갈등 지도 그리기

제5장 공존의 윤리

1. 공동체를 위협하는 것들
2. 공존의 윤리
3. 공동체를 위한 풀뿌리 운동

제6장 세계시민과 청년 1. 세계공동체를 상상하다 2. 세계시민의 실천 3. 청년 세계를 만나다 제4부 사유와 실천으로 떠나는 여행–현장활동과 비전 만들기

(2) V.3(2012년 2학기~2015년 2학기)

V.3는 V.2에 비해 체계를 전반적으로 간추렸다. 아래 박스를 통해 확인할 수 있듯이 부를 없애고, 장으로만 구성했다. 특히 세계시민 관련 부분을 차이와 공존(제5장)을 별도 장으로 배치하면서, '세계화와 세계시민' 한 장(제4장)으로만 구성했다. anthology 형식의 읽기 교재 형태는 그대로 유지하였다. 이때 제4장 세계화와 세계시민의 하위 주제는 '세계화란 무엇인가', '오늘의 세계', '세계시민의 연대'로 구성해 놓았다. 각 하위주제별 텍스트를 살펴보면 아래와 같다.

제4장 세계화와 세계시민 중 1. 세계화란 무엇인가	– 비토르히 타고르, 「달 전화기」. – 토머스 L. 프리드먼, 신동욱 역, 「세계화 체제의 황금률」, 『렉서스와 올리브나무』(서울: 창해, 2003). – 조지프 E. 스티글리츠, 홍민경 역, 「인간의 얼굴을 한 세계화」, 『인간의 얼굴을 한 세계화』(파주: 21세기북스, 2008).

제4장 세계화와 세계시민 중 2. 오늘의 세계	- 이종태, 「리먼브러더스의 파산과 금융자본주의」, 『금융자본주의는 세계를 어떻게 바꾸는가』(서울: 실천문학, 2011). - 필립 맥마이클, 「자본주의와 세계의 농업」, 리오 패니치 외, 김철규 역, 『자연과 타협하기』(서울: 필맥, 2007). - 메리 캘도어, 유강은 역, 「새로운 전쟁과 정체성의 정치」, 『새로운 전쟁과 낡은 전쟁』(서울: 그린비, 2010).
제4장 세계화와 세계시민 중 3. 세계시민의 연대	- 데이비드 헬드, 박찬표 역, 「세계시민민주주의」, 『민주주의의 모델들』(서울: 후마니타스, 2010). - 무라카미 하루키, 이영미 역, 「일본사람이 재즈를 이해할 수 있을까」, 『무라카미 하루키 잡문집』(서울: 비채, 2011). - 우카이 사토시, 신지영 역, 「주권의 너머에서」, 『주권의 너머에서』(서울: 그린비, 2010).

2012년도 2학기 ~ 현재(V.3) 목차

제1장 시민은 누구인가

1. 시민으로 태어나기
2. 시민으로 살아가기

제2장 시민과 민주주의

1. 더 나은 민주주의를 위하여
2. 민주주의의 어제, 오늘 그리고 내일

제3장 시민과 경제

1. 시장경제와 자본주의
2. 생활세계 속의 자본주의
3. 한국 경제의 빛과 그림자

제4장 세계화와 세계시민

1. 세계화란 무엇인가

2. 오늘의 세계
3. 세계시민의 연대

제5장 차이와 공존

1. 차이의 발견
2. 공존의 정치와 윤리

제6장 사유와 실천으로 떠나는 여행-현장활동과 비전 만들기

(3) V.4(2016년 1학기~ 현재)

V.4는 교재의 내용과 구성을 대폭 수정하고 간추렸다. 즉 V.4는 주권자로서의 시민적 정체성에 핵심을 두고 시민적 권리와 책임의 역사성과 현 시기 시민적 권리와 책임을 둘러싼 쟁점, 주권자의 위상과 역할 구현과 수행에 필요한 정치·경제적 환경과 조건, 시민적 삶의 실천을 위한 원칙 등을 담고 있다. 그 구성과 내용과 주제별 텍스트를 살펴보면 아래와 같다.

2016년도 2학기~현재(V.4) 목차

제1장 시민과 시민권의 역사

1. 역사적 존재로서의 시민(시민교육 교재편집팀).
2. 생명권과 재산권 논쟁(미셜린 R. 이샤이, 『세계인권사상사』(서울: 길, 2005)).
3. 시민권과 사회계급(Thomas H. Marshall, "Citizenship and Social Class."(1950)).

제2장 시민권의 현재적 쟁점

1. 개인주의와 시민권(브라이언 S. 터너, 서용석 외 역, 『시민권과 자본주의』(서울: 일신사, 1997)).
2. 시민의 권리와 책임(Keith Faulks, "Rights and Responsibilities"(London: Routledge, 2000)).
3. 세계화 시대에서 타자의 권리(세일라 벤하비브, 『타자의 권리』(서울: 철학과 현실사, 2008)).

제3장 시민의 존재와 시민권 실현의 기반: 정치영역

1. 왜 민주주의인가?(로버트 달, 『민주주의』(서울: 동명사, 2009)).
2. 절반의 인민주권(샤츠슈나이더, 『절반의 인민주권』(서울: 후마니타스, 2008)).
3. 민주화 이후의 민주주의(최장집, 『민주화 이후의 민주주의』(서울: 후마니타스, 2010)).

제4장 시민의 존재와 시민권 실현의 기반: 경제영역

1. 자유로서의 발전(Amartya K. Sen, "Markets, State and Social Opportunity"(2000)).
2. 정부와 경제(새뮤얼 보울스 외, 『자본주의 이해하기』(서울: 후마니타스, 2009)).
3. 신자유주의 혁명의 기원(제라르 뒤메닐 외, 『자본의 반격』(서울: 필맥, 2006)).
4. 불평등과 민주주의의 위기(조세프 E. 스티글리츠, 『불평등의 대가』(파주: 열린책들, 2013)).

제5장 시민적 실천

1. 지속가능한 세계로 가는 길(하랄트 벨처, 『저항안내서』(인천: 오롯, 2015)).
2. 더 나은 세상, 시민의 삶(엘리스 존스 외, 『더 나은 세상을 위한 꼼꼼한 안내서』(파주:동녘, 2012)).

한편 V.4의 경우 이론학습의 중요성을 이전의 교재보다 분명하게 제시, 강조하고 있다는 특징을 갖고 있는 바, 그 이유를 개정 서문을 통해 확인해보자. 대학교양교육으로서의 시민교육의 특성을 특히 고려하고 있음을 알 수 있다.[9]

"지금까지 (경희대 후마니타스칼리지) 시민교육은 토론과 현장활동을 병행해 왔다. 강의 위주의 수동적 학습으로부터 벗어나는 것이 시민적 삶을 준비하는 데 일차적으로 중요했기 때문이다. 두 차례의 개정을 거친 기존의 교재들은 이 같은 목적에 부합하는 방식으로 구성되었다. 다양한 영역과 장르의 '읽을거리'를 통해서 사회 현실의 복합적 측면을 새롭게 관찰, 해석할 수 있는 계기를 제공한 것이다. 이는 그동안 〈시민교육〉이 성취한 중요한 성과로서, 앞으로도 지속적인 발전을 도모해야 할 것이다. 하지만 〈시민교육〉이 대학의 독립된 교양교과로서 정립되기 위해서는 교육 '방법'만으로는 부족하다. 다른 학문과 교과의 발전과정에서 알 수 있듯이, 특정화된 대상과 그에 적합과 이론과 체계를 갖추어야 한다. 개정 4판은 이를 위한 출발점이다. 현대적 '시민권'과 그것의 '실현 조건' 그리고 '시민적 실천'을 교과의 이론적 대상으로 설정하고, 이를 중심으로 철학, 역사, 사회과학 등의 이론적 성과들을 종합한다. 물론 시민적 삶에 필요한 지식과 기술은 교재의 내용을 훨씬 넘어선다. 교재는 다만 가장 기초적인 개념과 이론만 제시할 뿐이고, 그 이상의 풍부한 재료와 내용은 강의 현장에서의 토론과 활동, 교수자의 연구 등을 통해 채워나가야 한다."[10]

---

9 이와 관련해서는 이 책의 6장 5절 「시민교육 교과의 성과와 과제」를 참조.

10 경희대 후마니타스칼리지 시민교육교과 교재편집팀, 『제2의 탄생』.

2) 이론학습의 방법

〈시민교육〉은 갓 대학생이 된 1학년 신입생이 수강한다. 따라서 교재는 오늘날 시민과 민주주의, 경제문제, 세계상황에 대해 기본적으로 이해하고, 그로인해 겪게 된 삶의 문제적 국면들을 살핀 뒤 스스로 질문하고 답을 찾으며 동시에 실천과 연계할 수 있도록 구성되어 있다.

학생들은 각 절별로 미리 교재를 읽고 내용과 관련된 토론 주제를 준비해야 하며, 준비가 미진할 경우에 한해 교수가 추가로 논제를 제시한다. 강의 시간의 절반은 준비해 온 논제를 토론하며, 토론 전이나 토론 후 반드시 관련 내용을 에세이로 작성하여 제출한다. 이 과정에서 교수는 학생 상호간에 다양한 입장이나 시각을 확인하면서 논제에 대한 다각적 검토가 이루어 질 수 있도록 지도하여, 학생들 스스로 질문하고 토론 속에서 답을 찾아가도록 조력한다.

〈물음의 발굴과 토론 중심의 전개〉

- 문제해결의 상상력과 능력 키우기: 어떤 일들이 어디에서 어떻게 벌어지고 있는가?
- 현실 알기: 무엇이 문제인가?
- 탐색하기: 문제의 경과는 어떠하고 사회에 어떤 영향을 미쳤는가?
- 상상력 키우기: 나라면 이런 문제를 어떻게 해결할 것인가?
- 세계알기와 경험확장: 누가 어디에서 무엇을 하고 있는가.

- 공감: 그들은 누구인가?
- 신뢰: 그들을 어떻게 이해할 것인가?
- 소통: 그들과 어떻게 관계할 수 있는가?
- 연대: 그들과 함께 할 수 있는 일은 무엇인가?
- 공존: 갈등은 무엇이고 어떻게 풀 수 있는가?
- '더 나은 인간'; 자기변화–무엇을 알고 어떻게 변해 갈 것인가.
- 앎: 무엇을 알아야 하는가?
- 실천: 어떻게 실천할 것인가?
- 삶: 어떤 가치를 세울 것인가?
- '더 나은 세계'; 미래문명 만들기–무엇을 어떻게 만들 것인가
- 인간에 대한 책임: 관계 맺기, 나누기, 함께하기
- 사회에 대한 책임: 불편하고 불평등한 사회제도 변화시키기
- 역사에 대한 책임: 정의로운 민주사회 발전시키기
- 문명에 대한 책임: 인간의 보편적 가치를 실현하는 새로운 문명 창조하기

〈학습자 중심의 실천적 시민교육〉

- 일방적 강의와 지식 습득이 전부가 아니며, 스스로 문제점을 찾고, 질문하고, 답을 찾아가는 실천과정이 되게 한다.
- 잘못된 것에 대한 비판을 통해 문제 해결력을 갖도록 하며 자기 주도적인 학습이 이루어질 수 있도록 배려하는 것이 필요하다.
- 학습자가 자신이 처한 현실의 여러 가지 상황, 즉 정치·사회·경제·문화적 여건을 파악하고 이해관계를 분석할 수 있는 능력을

가지게 되며, 정치적 과정을 통해 자신의 이익을 관철하거나 더 나아가 공공성 관련 문제를 해결하는 능력을 학습하게 된다.

〈통합적 시민교육〉

- 교실과 교실 밖을 하나로 통합한다. '교실의 벽을 허물자.'
- 학습자들의 집중을 높일 수 있도록 관심/전공/현업분야와 시민교육간의 적절한 통합도 필요하다.
- 나-가족-이웃-지역-국가-세계가 만나는 교육을 지향한다.
- 삶을 바꾸고, 지역을 바꾸고, 세계를 바꾸는 시민교육을 강조한다.

〈성찰적, 다원적 시민교육〉

- 실제적인 진리탐구는 공백, 모순, 갈등, 상호작용 속에서 이루어진다. 절대적인 진리라 없다. 우리 각자는 공백 앞에 서 있는 탐색자이다(파커 J. 파머).
- 특정 이데올로기를 주입시키거나 기존의 상태에 무비판적으로 순응하게 하는 것은 진정한 의미에서 시민교육이 아니다.
- 다양한 계층·이념·세대 간 만남과 대화, 성찰적 접근을 유도한다.

〈협력자, 촉진자로서의 강사〉

- 현장활동 및 비전 만들기 전 과정은 학생들 스스로 선택, 결정할 수 있도록 하고 교육자는 조력자(facilitator) 역할을 담당한다.

- 다양한 경험과 실패에 용기를 북돋워주고 격려를 아끼지 않는다.
- 심리적 압박감과 불안감, 두려움을 극복하는데 칭찬과 용기가 큰 힘이 될 것이다.
- 질문과 입장 표명을 당당하게 할 수 있게 긍정성을 심어 준다.
- 지나친 기대나 닦달보다 애정과 사랑을 보여준다.

재미있으며, 창의적이고	나와 연관성 있는, 관심 있는 사회 이슈를 중심으로
명료한 메시지를 통해 발상전환을 자극하며	관심과 흥미를 견인하고 실천적 행동을 유도한다.

3. 이론학습의 현황과 실제

이 절에서는 이론학습의 현황과 실제를 경희대 후마니타스칼리지 시민교육 교과의 시기별 강의 구성을 중심으로 제시하고자 한다.[11] 특

---

11 경희대 후마니타스칼리지의 시민교육 교과의 이론학습이 여기서 제시된 내용 그대로 진행된 것은 아니다. 교수자와 수강생 특성에 따라, 또 시기별 상황에 따라 주별 강의 주제와 교육 활용 자료, 과제의 종류 등에서 차이를 보였다는 것을 감안해야 한다. 한편 주차별 강의 주제 등은 교재 V.1에 기초한 것이다.

히 여기서는 경희대 후마니타스칼리지 시민교육 교과의 초기 이론학습의 방식을 통해 현황과 실제를 살펴보고 있다.[12]

【2주】 교재 1장. 청년과 사회, 그리고 시민

〈강의목적 및 주제〉

- 시민으로서의 책임 안내: 민주시민, 따뜻한 시민, 세계시민이라는 세 개의 축
- 고교생과 대학생의 차이, 청년에 대한 삶의 고민과 미래의 상에 대해 공유
- 기성세대와 청년 상호간의 편견 깨기
- 한 나라의 시민과 세계시민으로 산다는 것이 무엇인지에 대한 의견 공유

〈과제〉

- 다음 주 과제 안내: 2장 리딩 에세이 제출, A4 1쪽 이내

이 시기 주차별 이론학습 전개 방식은 교재의 교체에도 불구하고 대체적으로 이와 같은 식으로 이루어졌다.

12 이론학습 강의는 전체 16주 강의 중 중간-기말고사와 현장학습 관련 수업을 제외한 나머지 주차에 걸쳐 실시하는 것으로 짜여 있다. 참고 차원에서 현장학습 관련 주차(4주차)도 포함시켜 제시하였다. 이론학습 중에도 현장학습 관련 수업이 병행되고 있음을 확인할 수 있다(8주차).

교육활용자료(예시)

- EBS 〈지식채널 e〉: 이미지, 음악, 메시지가 어우러진 영상 문학의 한 형태로 5분이라는 짧은 시간 동안 사회, 문화, 과학, 사람 등에 관한 '생각하는 지식', 큰 감동과 임팩트를 전달한다. home.ebs.co.kr/jisike(5분, 무료동영상)

【3주】 교재 2장. 한국 현대사와 사회 이슈들

〈강의목적 및 주제〉

- 한국 현대사와 다양한 사회 이슈를 살펴본다.
- 청년들이 사회이슈에 주목해야 하는 이유에 대해 토론한다.

〈토론사항(예시)〉

- 한국 현대사를 살펴보며 우리가 살고 있는 이 현실이 저절로 이루어진 것이 아니라는 점을 강조한다.
- 사회문제가 자신과 세상에 어떤 영향을 미칠 수 있는지 이슈를 살펴보며 토론한다.
- 왜 사회문제에 관심을 갖고 공감의식을 확대해야 하는지, 삶의 우선순위와 무엇이 진정 즐거운 삶으로 이끌어 줄 것인지에 대해 의견을 나눠보자.

〈과제〉

- 7장 리딩 후 '가상의 사회봉사 현장활동 및 비전 만들기' 활동

주제를 생각하고 4주 강의에 참여하도록 안내

〈교육 활용자료(예시)〉

- EBS 〈지식채널 e〉 : 이미지, 음악, 메시지가 어우러진 영상 문학의 한 형태로 5분이라는 짧은 시간 동안 사회, 문화, 과학, 사람 등에 관한 '생각하는 지식', 큰 감동과 임팩트를 전달한다. home.ebs.co.kr/jisike(5분, 무료동영상)

【4주】 교재 7장. 현장활동과 비전 만들기를 위한 워크숍

〈강의목적 및 주제〉

- 9주부터 진행되는 현장참여활동과 비전 만들기 발표를 위한 준비학습
- 현장활동과 비전 만들기 의미, 내용, 진행절차, 방법, 발표준비 사항 및 과제물 안내

※ 교재와 아래 보충 안내 표 참고

〈워크숍〉

- 학생들이 준비해온 주제에 따른 가상의 현장활동 및 비전 만들기 시뮬레이션: 모둠별 주제 선정과정부터 차례로 진행(교재 참고)
- 현장에서 만나는 사람들을 대하는 자세와 대화하는 방법 등에 대한 워크숍 진행: 워크숍 진행할 경우 평화적이고 효과적인 의사소통 훈련('갈등해결과 효과적인 의사소통 훈련', 서울YMCA 제1회 시

민법정 배심원 워크숍 자료 참고. civilcourt.or.kr)

〈과제〉

- 다음 주 과제 안내: 3장 리딩 에세이 제출, A4 1쪽 이내

【5주】 교재 3장. 민주사회와 시민참여

〈강의목적 및 주제〉

- 자유, 평등, 정의 등 헌법에 보장된 시민적 가치와 민주주의에 대한 이해
- 정치사회뿐만 아니라 일상에서 실질적 민주주의를 이루기 위한 시민참여의 필요성 공유

〈토론사항(예시)〉

- 우리 헌법에 규정되어 있는 헌법의 기본권과 시민의 가치에 대해 알아보고 의미를 이해한다. 특히 교재의 다양한 읽을거리를 참고하여 시민적 참여 사례를 공유하고 기본권과 시민적 가치에 대해 토론한다.

〈교재본문 – 토론해봅시다〉

다음은 존엄성, 사적 규범 보장, 자유, 평등, 정의, 인권, 평화, 환경, 좋은 삶 등 시민의 가치를 실현해야 하는 근거가 되는 조항들이다. 내용에 관해 함께 토론하고 논의해 보자.

– 시민적 가치의 근거가 되는 헌법 조항들: 전문, 제1조, 제4조, 제5조, 제2장(제10조–제22조), 제34조, 제35조, 제37조

- 헌법전문에서의 사명과 기본질서, '대한민국은 민주공화국이다. 그리고 모든 권력은 국민으로부터 나온다.'라는 국체 규정의 실체를 토론해 본다.
- 선거권
- 대의제의 한계로 제시되고 있는 직접 참여민주주의의 현황(주민참여예산제, 주민소환제 등)

〈교재본문 – 토론해봅시다〉

주민참여제도의 법적 근거, 사례, 문제점 등에 관해 토론해 보자
– 주민발의, 주민감사청구, 주민투표, 주민소송, 주민소환, 주민참여예산, 시민배심원

- 대의제에 대한 다른 견해에 대해 알려준다(ex: 보수와 진보)

〈대의제에 대한 진보와 보수의 입장 차이〉

보수 진영이 국민주권과 대의제를 바라보는 시각은 다음과 같다.
국민이 정치 엘리트의 정치 행위에 대해 다음 선거에서 투표로 최종적으로 결정하는 것이 민주주의라는 명제이다. 그리고 국민이 다음 선거에서 최종 의사를 표현하기 전까지는 정치 엘리트 다수의 자율적 결정을 존중하는 것이 대의제라는 명제이다.
그러나 이와 같은 명제는 오늘날 많은 비판을 받고 있다. 단순한 신탁이나 위임이 아니라는 것이다. 즉 선거에서 당선된 엘리트는 무한정의 자유를 누리는 것이 아니라 선거에서 확인된 민의를 반영할 책임이 있다는 주장이다. 엘리트들은 자신들의 자의적 의제가 아니라 민의를 반영하기 위해 치열한 노력을 기울여야 한다는 주장이다.

진보진영에서는 한발 더 나아가 민의의 반영을 단지 엘리트에게 소극적으로 압력을 가하는 것에 한정하지 않고, 선거뿐만 아니라 일상적인 과정에도 적극 참여하여 엘리트들을 견제하거나 그들과 협력하는 참여민주주의적 목표를 추구한다.

오늘날 국민주권과 대의제에 대한 논란은 신탁, 위임, 참여의 세 가지 축을 중심으로 진행된다. 한국 역사에서 볼 때 국민주권과 대의제의 실질적 의미에 대한 좌우의 투쟁은 김대중 정부 이후 본격적으로 전개되고 있다. 민주화 이후 한국 정부는 단지 직접선거인 투표권을 행사하는 수준을 넘어 시민의 참여민주주의 확대와 제도권 정치의 대표성 강화를 위해 노력해 왔다고 볼 수 있다.
국민주권과 대의제에 대한 보수와 진보 진영의 인식의 차이를 촛불을 통해 살펴본다.

보수의 입장: 국민주권을 위해 선동정치에 반대한다.

"주권자인 국민은 선거를 통해 국가 기관을 구성하고, 구가 기관은 자율적으로 정치를 펴 나가되 임기가 끝나면 선거로 책임을 묻는 것이 우리 헌법에 명시된 정당한 수권행사 방법." 따라서 촛불시위는 "반헌법적 행동으로 결코 정당한 국민주권 행사가 아니다."라고 주장하며 "시민사회의 중심 제도인 의회와 정부를 부정하고, 스스로 대표성을 자임하는 임의 단체가 반시민사회적 선동정치"를 전개했다며 시민사회의 성숙을 호소함.

진보의 입장 : 참여만이 국민주권을 실현할 수 있다.

과거 진보진영에서는 대통령을 직접 선출하기만 하면 국민주권과 대의제가 잘 작동할 것으로 생각함.
그러나 이후 기득권층의 지배 연장과 상대적으로 진보적인 정권이 들어서도 기득권층에 포획되거나 교착 상태가 반복되는 현실을 겪으며 선거의 복합적 특성 깨달음.
따라서 촛불시위가 선거라는 제한적 공간을 넘어서 대의제를 견제하거나 보완하는 향상적 기능을 가졌다고 강조하기 시작했다. 이들은 촛불시위가 시민의식을 일깨우면서 시민사회의 공동체 의식을 풍요롭게 한다고 강조한다. 또한 기존 대의제 이론에 대한 반감은 있지만 현실 해석에 상반되는 주장이 있다. 즉 촛불시위 참여 시민을 소비대중으로 국한하고, 이들이 참여를 기존 대의제를 보완하는 중산층의 이익정치로 보기 때문에 이 흐름은 중산층이 무시한 비정규직 대중들의 이슈를 더 근본적인 정치적 의제로 정의한다. 그리고 또 다른 하나는 다중들이 표면적으로 광우병 쇠고기라는 중산층 소비 이슈를 중심으로 투쟁하지만, 근본적으로는 국가 권력이 자행하는 개인의 삶에 대한 통제를 넘어서려는 전복적 움직임으로 보였다고 규정하기도 한다.

– 구갑우 외, 『좌우파 사전』(위즈덤하우스, 2010), 84.

- 정치적 민주주의는 경제, 문화적 민주주의와 함께 갈 때 비로소 내용을 모두 채운다. 그렇다면 우리 일상에서 경제적 민주주의, 문화적 민주주의 관련 어떠한 문제점이 노정되어 있는지 이러한 실질적 민주주의를 이루기 위해 어떠한 노력이 필요한지에 대해 토론해 본다.

사회봉사 현장활동 계획서 약식 발표 및 검토(검토 OK 후 실행)

- 주제에 따른 활동형태 및 단체 선정이 적절한지 꼼꼼히 점검한다.
- 현장단체에 참여하지 않고 자체활동프로그램을 진행하는 모둠인 경우 활동내용 및 준비사항 등을 더 명확하게 제시하도록 요구한다.

〈과제〉

- 다음 주 과제 안내: 4장 리딩 에세이 제출, 분량은 A4 1쪽 이내

〈교육 활용자료(예시)〉

- EBS 〈지식채널 e〉: 이미지, 음악, 메시지가 어우러진 영상 문학의 한 형태로 5분이라는 짧은 시간 동안 사회, 문화, 과학, 사람 등에 관한 '생각하는 지식', 큰 감동과 임팩트를 전달한다.
  home.ebs.co.kr/jisike(5분, 무료동영상)
- 교재 본문의 〈포르토 알레그레의 시민참여 예산시스템〉 영상

【6주】 교재 4장. 정의와 공정, 그리고 시민적 자존감

〈강의목적 및 주제〉

- 정의와 공정 논쟁사례를 통해 다양한 각도에서의 문제 인식
- 정의와 공정이라는 관점에서의 판단을 보장하는 이론과 시민참여를 통해 현실화된 사례 고찰

〈토론사항(예시)〉

〈교재본문 – 문제제기〉

- 빈익빈 부익부의 경향이 점차 강해지고 있지 않느냐는 문제제기
- 여성과 남성이 동등한 기회를 부여받고 있느냐에 대한 문제제기
- 교육기회가 부모의 소득에 의해 점점 더 크게 결정되고 있지 않느냐는 문제제기
- 직업기회, 승진기회 등 사회적 성공의 기회가 공정한 기준에 따라 이루어지고 있느냐는 문제제기
- 소득에 비례하는 조세가 이루어지고 있으며, 국가의 정책과 지원이 공정하게 이루어지고 있느냐는 문제제기
- 상대적 불이익을 받는 상황에 처한 다양한 계층의 사람들이 지존감을 갖게 할 정책적·사회적 고려가 충분히 이루어지고 있는가에 대한 문제제기

〈교재본문 – 생각해봅시다〉

A양은 롤스의 '차이원칙'에 대해 다음과 같은 반론을 제기했다. "롤스의 '차이원칙'이 옳다고 치자. 그렇다면 사회적 최소 수혜층이 사회의 주도적 의견결정 집단이 되고, 그 결과 모든 사회적 결정이 최소 수혜층의 이익과 기대의 증진에 기여하는 방향으로만 이루어진다면, 그 사회는 롤스가 말하는 '차이원칙'이 자동적으로 준수되는 사회, 즉 정의로운 사회가 되지 않겠는가? 따라서 이러한 사회가 되려면 최소 수혜층이 의견 결정 집단이 되어야 한다. 즉 권력을 잡아야 한다. 그러나 정상적이고 합법적인 방법을 통해 최소 수혜층이 집권세력이 될 가능성은 희박하다. 아니, 사실상 전무하다. 따라서 최소 수혜층의 집권을 위해서 수단과 방법을 가리지 않고 최소 수혜자 혁명을 성공시키는 것만이 정의사회의 실현을 위한 유일한 길이다. 이 유일한 길을 외면하고 한가롭기 짝이 없는 공정과 정의의 말놀이나 하고 있는 롤스의 정의론은 맹탕이다." 과연 여러분이라면 A양의 이 발칙한 의견에 대해 무어라 답변하겠는가?

- 사회적 약자를 배려하는 소수집단 우대 정책에 대하여 토론한다(ex: 시각장애인 안마사 허용 합헌/위법 사례 등).
- 권력자에 의한 정의와 시민들이 원하는 정의는 어떤 점이 다른지 토론해 본다.
- 시민들의 참여를 통해 정의와 공정사회가 현실화된 사례를 두고 어떤 관점에서 정의와 공정이 완성되었다고 보는지 토론해 본다.
- 심의 민주주의는 특정 사안에 대하여 시민들이 학습과 자유로운 토론을 통해 의사를 결정해 가는 협력 또는 합의 과정이다. 그러나 찬반토론은 참가자들이 찬성과 반대로 나뉘어 자기 쪽 주장이 옳음을 내세우며 각각 자기 쪽 주장을 받아들이도록 하는 경쟁적이고 대립적인 의사결정 과정이다. 이때 보통 인신공격, 말꼬리 잡기, 중간에 끼어들기, 논리적 오류들을 많이 범하기도 한다. 이러한 심의민주주의에서 사용되는 협력적 토의과정과 일반 찬반토론의 경쟁적 토론과정을 상호 비교해보고, 성숙한 토론문화에 대해 생각해 본다.

〈사회봉사 현장활동 계획서 약식 발표 및 검토(검토 OK 후 실행)〉

- 주제에 따른 활동형태 및 단체 선정이 적절한지 꼼꼼히 점검한다.
- 현장단체에 참여하지 않고 자체활동프로그램을 진행하는 모둠인 경우 활동내용 및 준비사항 등을 더 명확하게 제시하도록 요구한다.

〈과제〉

- 다음 주 과제 안내: 5장 리딩 에세이 제출, 분량은 A4 1쪽 이내

〈교육 활용자료(예시)〉

- BCCA(캐나다 브리티시 콜롬비아 시민의회) 동영상 활용: video.google.com/videoplay?docid=-1059037834606588557#
- DBT(덴마크 시민과학회의) 동영상 활용: youtube.com/watch?v=nm_9y2oFago

【7주】 교재 5장. 공동체와 나눔 문화

〈강의목적 및 주제〉

- 인간과 인간, 인간과 사회는 분리되어 있지 않은 유기적 관계로써 언내의 세계를 살아가는 의미를 깊이 이해하고, 고통과 책임을 나누며 진정한 자유와 희망을 만들어가는 공동체 삶의 현장으로 들어가 봄.

〈토론사항(예시)〉

- 당신이 생각하는 돈의 가치는? 지금 당장 돈이 있다면 무엇을 해보고 싶은가.
- 신자유주의에 대한 개념과 다른 입장에 대해 알기 쉽게 간략하게 비교 설명한다.

〈쟁점별 진보와 보수의 구별 기준〉

진 보	구 별	보 수
불평등은 사회적으로 구성된 것으로 사회적 교정과 평등의 지속적 확대 주장	평등	현존하는 불평등의 선천적, 불가피성으로 교정 불가능, 혹은 순기능을 옹호
직접 참여 민주주의 선호	참여	간접민주주의 선호(신탁, 위임)
개인의 경제적 자유, 재산권의 보호 및 그 행사에 제한이 가해질 때 사회와 공동체 이익이 증진됨	경제적 자유	개인의 경제적 자유를 최대한 보장할 때 전체의 이익도 증진됨
정치, 사회, 문화적 측면에서 개인의 자유, 자율성을 옹호, 위계–전통–권위에 맞서서 개인의 자유–자율성을 옹호, 국가–공동체에 의한 개인의 자유 제약을 비판	정치·사회·문화적 자유	기존의 위계–전통–권위를 옹호, 국가의 가치 강조(애국주의), 개인의 존재 가치를 공동체의 질서–전통–권위 속에서만 인정
집단과 요소들 간의 연대 강조, 수평성·탈중심성	집단 관계	통합(integration)을 강조, 수직성과 중심성
변화가 가능하다고 믿고, 긍정적으로 수용	사회질서 변화 가능성	변화를 부정적으로 평가

〈사회적 쟁점에 대한 보수와 진보의 입장 차이 비교〉

진 보	구 별	보 수
자본에 대한 민주적 견제와 약자 보호가 필요	규제와 시장경쟁	규제를 완화해야 기업하기 좋은 나라
민영화와 개방엔 신중해야	민영화와 시장개방	민영화와 개방은 시장 활력을 높인다
감세와 정부 지출 축소는 사회적 약자를 외면	세금과 재정 지출	세율 인하로 근로 의욕과 투자 의욕 높여야
분배 악화와 정치적 퇴행을 불러 자본주의 모순 심화	신자유주의	세계화에 불가피한 적응이자 자본주의의 혁신

정규직이 노동시장의 정상적인 근로 형태	비정규직 근로 형태	정규직의 과보호가 비정규직의 원인
규제는 무기력하고, 불안정한 노동이 다수 차지	노동시장 유연성	노동시장에 대한 규제가 심하다
소득분배가 불평등하면 경제 성장이 저해될 수 있다	소득분배, 양극화	성장이 중요, 재분배 정책은 성장을 가로막는다
함께하는 교육-교육은 잠재능력의 개발이다	학벌주의와 교육제도	교육도 시장의 원리로-경쟁이 성취 동기를 자극한다
지방은 수도의 식민지다	서울-수도권 중심	수도권 경쟁력이 대한민국 경쟁력이다
개인과 공동체, 호혜성과 공정성이 사회조직의 원리	경쟁의 원리	자율적 개인, 시장, 합리성, 효율성이 사회 조직 원리
고용 없는 성장, 사회적 안전망 취약이 낳은 구조적 문제	비정규직, 잠재 실업	경제 성장으로 해결할 수 있는 일시적 현상
정부나 법제도적 개입이 불가피한 문제	노사갈등	시장의 자유로운 작동으로 해결할 문제
근본 문제는 이윤만 추구하는 자본주의적 생산	녹색성장	과학과 기술로 생태위기 극복 가능

- 민주화운동기념사업회, 〈시민교육 현장 지침서〉, pp. 306-309.
- 인간의 얼굴을 한 자본주의, 대안 경제 사례를 공유한다.
- 착한소비(윤리적 소비)를 하고 있는지 스스로 점검해보고 윤리적 소비 실천방안을 찾아본다. 소비자는 최고의 권력자로서 제품이 만들어지고 소비되며 버려지는 일련의 가치 사슬이 건전하고 건강하게 돌아갈 수 있도록 조장할 '책임'을 가지고 있다는 사실에 대하여 간략하게 설명한다. 착한 소비는 지구는 물론, 시공간을 공유하고 있는 이 시대의 모든 사람들과 소비자 본인이 모두 행복할 수 있는 소비라고 할 수 있기 때문에 소비자가

변해야 한다는 사실을 전달한다.

〈점검사항〉

- 생산과 관련된 모두가 일한 만큼 대가를 받았을까?
- 제품 생산과 관련하여 보호받아야 하는 어린이가, 혹은 원치 않는 누군가가 강제로 일을 하진 않았을까?
- 환경에 피해를 끼치지 않는 재료를 사용했을까?
- 제품 생산에 동물이 희생되지는 않았을까?
- 내가 이걸 구입해서 힘든 처지에 놓인 누군가가 도움을 받을 수 있게 될까?
- 제품 사용 후 버릴 때 지구가 아파하진 않을까?
- 농약 상자 안에서 도착한 해외 농산물이 아닐까 점검해 본다.
- 대형마트 냉장고에서 신선도를 유지하는 식품보다는 지역에서 생산된 농산물을 선택한다.
- 재래시장, 생활협동조합 이용과 같이 많이 알려진 방법부터 정기적으로 지역의 제출 농산물을 집으로 받는 '생활 꾸러미'가 있다.
- 탄소 배출을 최소화하는 교통편을 이용한다.

- 나 개인의 희망만이 아니라 공동체의 희망과 가치가 왜 중요한지를 공유한다. 자신의 고향, 우리가 살고 있는 지역에 관심을 가져보고 그곳에서 찾을 수 있는 희망은 무엇인지 생각해 본다.

〈사회봉사 현장활동 계획서 약식 발표 및 검토(검토 OK 후 실행)〉

- 주제에 따른 활동형태 및 단체 선정이 적절한지 꼼꼼히 점검한다.
- 현장단체에 참여하지 않고 자체활동프로그램을 진행하는 모둠인 경우 활동내용 및 준비사항 등을 더 명확하게 제시하도록 요구한다.

〈과제〉

- 다음 주 과제 안내: 6장 리딩 에세이 제출, 분량은 A4 1쪽 이내

〈교육 활용자료(예시)〉

- EBS 〈지식채널 e〉: 이미지, 음악, 메시지가 어우러진 영상 문학의 한 형태로 5분이라는 짧은 시간 동안 사회, 문화, 과학, 사람 등에 관한 '생각하는 지식', 큰 감동과 임팩트를 전달한다. home.ebs.co.kr/jisike(5분, 무료동영상)

【8주】 교재 6장. 세계화와 세계시민

〈강의목적 및 주제〉

- 세계화의 명과 암을 살펴보고 우리가 상실했던 인류의 보편적 가치인 인권과 전지구적 환경 등을 복원하고 평화를 정착시키기 위한 세계시민으로서의 실천 방안 공유

〈토론사항(예시)〉

- 세계화가 우리 일상에 미치는 영향은?
- 인류가 추구하는 보편적 가치로서의 인권이 어떤 도전을 받고 있으며 그 극복과정에서 우리사회는 어떤 모습을 취했는지, 미래의 모습은 어떠해야 하는지를 토론해 본다.
- 세계시민의 관점에서 무슨 물건을 살 수 있을까. 어떤 여행을 우린 기획할 수 있을까. 우리의 구매행위가 노동 착취를 비롯하

여 열대우림의 파괴, 환경재앙들까지, 세계 다른 부분에 미치는 영향들을 살펴본다. 그리고 읽을거리에 제시된 공정무역과 공정여행에 대한 가치에 대해서도 토론해 본다.

- 2007년 유엔의 인종차별철폐위원회(CRED)에서는 "한국이 단일민족을 강조하는 것은 한국에 사는 다양한 인종 간의 이해와 관용, 우호 증진에 장애가 될 수 있으므로 한국 현대사회의 다이종적 성격을 인정하고 적절한 조치를 하라"는 권고도 했다. 외국인을 대할 때 자기 안에 차별 의식이 있는지, 외국에 사는 우리 한인들은 어떤 대우를 받으며 살고 있는지 알아보고, 다문화 현상에 대한 성숙한 의식을 갖기 위해 우리가 가져야할 자세에 대해 토론한다.

※ 이주민을 초청해서 이야기를 들어볼 수도 있을 것임.

- 특히 한국에 등록되지 않은 불법 이민자가 증가하는 현실에서 그들이 불법이민을 할 수 밖에 없는 상황에 대해 알아보고, 인권적 차원에서 지원 방안을 토론한다.

※ 나이지리아 청년의 죽음(진보의 역설, pp. 325-326)

〈교재본문- 토론해봅시다〉

미누씨의 문제를 인류와 시민사회의 관점에서 어떻게 이해해야 할 것인지 토론해 본다.

- 내전, 빈곤, 환경파괴, 난민 문제 등의 세계이슈와 실천방안에 대해서도 살펴보자.

사회봉사 현장활동 계획서 약식 발표 및 검토(검토 OK 후 실행)

- 주제에 따른 활동형태 및 단체 선정이 적절한지 꼼꼼히 점검한다.
- 현장단체에 참여하지 않고 자체활동프로그램을 진행하는 모둠인 경우 활동내용 및 준비사항 등을 더 명확하게 제시하도록 요구한다.

〈교육 활용자료(예시)〉

- 다큐영화 〈울지마, 스톤〉: KBS스페셜 〈수단의 슈바이처 故 이태석 신부 – 울지마, 톤즈〉편을 토대로 제작하였으며, 마운틴픽처스에서 제공과 배급을 맡았다. 2010년 9월 9일에 개봉, 2011년 2월 4일 KBS 1TV에서 설특선영화로 방영되었다. 아래 주소는 KBS방영 동영상

  KBS.co.kr/1tv/sisa/KBSspecial/vod/1644140_11686.html(57분, 무료동영상)
- '전 세계 가난한 이들의 노래- 1달러의 삶' (KBS 일요스페셜 2004-02-15, 무료동영상)
- 지구사진작가 얀의 홈: 지구사진작가, 다큐멘터리 영화감독, 유엔 환경계획의 명예홍보대사인 얀 아르튀스 베르트랑가 세계 54개국에 걸쳐 217일 동안 항공촬영을 통해 제작된 다큐영상. 2010년 12월과 2011년 설특선으로 KBS에서 방영되기도 함. 아래 무료동영상은 영어와 한국어 내레이션이 동시에 나오기 때문에 시청에 불편을 준다. 유료동영상 다운받아 활용하는 것이

좋을 것이다.

youtube.com/watch?v=jqxENMKaeCU(1시간 33분, 유튜브 무료 동영상)

- 이주민 MWTV(이주노동자의 방송), MNTV(이주민방송) 활동영상 MWTV mwtv.or.kr, MNTV mntv.net
- EBS 〈지식채널 e〉: 이미지, 음악, 메시지가 어우러진 영상 문학의 한 형태로 5분이라는 짧은 시간 동안 사회, 문화, 과학, 사람 등에 관한 '생각하는 지식', 큰 감동과 임팩트를 전달한다. home.ebs.co.kr/jisike(5분, 무료동영상)

4. 시대조응적 이론학습 모형의 모색

시민교육 이론학습 모형에 관한 그간의 논의는 현대 국가의 보편적 이념인 민주주의(론)에 기초해 이루어졌다. 이는 시민교육이 기반하고 지향해야 할 보편적 가치와 규범이 무엇인지를 제시한 것이라는 점에서 긍정적으로 평가할 수 있다. 권위주의 시대를 거쳐 민주화를 이룬지 30년이 채 안 되는 한국의 경우에는 특히 그러하다. 이 때문에 한국에서는 민주화 이후 시민교육을 '민주시민교육'으로 지칭해 왔다.

하지만 시민교육에 대한 '보편주의적' 혹은 '이념주의적' 접근의 문제점이 점차 드러나고 있다. 이를 민주화가 시대적 과제가 아닌 상황에서 나타나는 '비조응성의 문제'라고 정의할 수 있다. 지구적 차원에서의 사회양극화 혹은 사회경제적 불평등-심화라는 새로운 시대상황에서, 시민교육에 대한 보편주의적 혹은 이념주의적 접근이 민주주의의 사회적 기반을 유지하고 확장하는데 오히려 '장애물'이 되고 있는 것이다. 특히 민주주의 이념과 이론 자체를 다시 혹은 더욱 강조하는 방식의 논의와 실천의 경우가 그러하다. 현재의 민주주의를 위기에 처한 것으로 보고, 민주주의를 실질화해야 한다며, 시민들이 삶의 과정에서 직면해 있는 문제 보다는 민주주의라는 이념적, 이론적 개념과 논변 자체에 더욱 천착하고 있는 것이다. 이는 사회양극화 혹은 사회경제적 불평등 문제의 '성격-발생 및 재생산의 원인과 방식'-에 대한 보다 심층적이고 다각적인 고찰의 부재에서 비롯된 것이다. 가령 사회양극화 혹은 사회경제적 불평등의 해소 문제는 사회의 제영역과 각계각층에 걸쳐 그 비용을 누가, 얼마나, 어떻게 나눠질 것인가의 문제, 즉 '고통분담(burden sharing)'의 문제이다. 또 그 고통분담의 원리와 방식을 누가 어떻게 결정할 것인가의 문제이다. 그러나 시민교육은 이와 같은 문제를 자신의 우선 문제로 삼지 않은 채, 민주주의 이념과 이론 그 자체를 강조하는 논변에 치중해 왔다. 이로부터 민주주의는 물론 시민교육의 '효용성'에 대한 의구심이 제기되었으며, 시민교육 그 자체가 이념적, 이론적 논란의 또 다른 대상이 되고 말았다.

시민교육은 시민적 삶을 궁지로 몰아넣은 지금 시대의 구제적 문제가 무엇인지를 찾아내고, 그것을 해결할 수 있는 역량의 보유와 증진에서 의의를 찾아야 한다. 우선순위로 설정한 문제를 실제로 해결해내기 위한 판단과 선택과 실행의 역량이라는 문제에 초점을 맞추어야 한다는 것이다. 시민교육에서의 이론학습 역시 그러하다. 민주주의는 그러한 역량의 발휘를 위한 구체적인 실천의 경로와 방식으로서 자리매김하여야 한다. 즉 삶의 회복을 위한 필요의 차원에서 접근되어야 한다는 것이다. 샤츠슈나이더가 이미 역설한 바와 같이, 사람들을 위해 민주주의가 있는 것이지, 민주주의를 위해 사람들이 있는 게 아니기 때문이다. 바로 이것이 민주주의와 시민교육이 만나는 지점이다.

시민교육의 개념은 시민의 위상에 기초한다. 시민의 위상은 '주권자'이다. 시민은 헌정체제의 유지와 발전을 이끌어가는 주체로서 공동체의 주요 문제에 직간접적으로 관여할 뿐만 아니라, 결정권을 보유하고 있고, 행사해야 한다는 의미에서 그러하다. 이로부터 시민교육은 시민의 주권자 역량을 강화하기 위한 교육이라고 정의할 수 있다. 이런 의미에서 시민교육은 민주주의를 실천하는 교육이라고 할 수 있다.

이때 시민교육의 필요성은 시민의 위상을 충족시키지 못하는 현실, 그래서 주권자의 역량 발휘를 요구하는 이러 저러한 문제들로 가득 찬 공동체의 구체적 현실에서 나온다. 서로 다른 생각과 이해관계를 충돌시킴으로써 공동체를 파괴하는 길로 들어서게 하는 현실, 부와 권력의 횡포로 인해 견제와 균형의 관계가 깨지고, 지배와 피지배의 관계가 만들어진 현실이 바로 그것이다.

시민교육의 필요성을 현실에서 찾는다고 할 때, 시민교육은 시대 조응적이어야 한다. 현실에서 시민은 특정 시대의 특수한 균열과 갈등 속에 놓여 있는 '유한 존재'이기 때문이다. 따라서 시민교육은 시대

초월을 내세운 특정한 이념의 추종과 가치관의 습득과 적용을 지향하지 않는다. 역사적 흐름에 따라 특정 공동체가 직면한 문제들의 종류와 성격이 다를 수밖에 없는데다가, 공동체의 유지와 발전을 위해서는 시민들 간의 이념과 가치관의 차이를 인정해야만 하기에 그러하다.

그간의 시민교육은 주권자 역량의 강화를 위한 교육이라기보다는 주로 반독재 민주주의 이념 및 가치를 전파하는 교육에 치중해 왔다. 시민교육을 '민주시민교육'으로 규정해 실시해왔던 것이 그 예이다. 반독재 민주주의 이념 및 가치가 중요하지 않은 것은 아니다. 하지만 반독재 민주주의 이념 및 가치 자체를 중시해서는 시민교육의 필요성과 역할에 대한 사회적 동의와 합의를 이끌어내는 데 있어 한계를 가질 수밖에 없다. 시민적 삶을 곤란케 하는 현실의 구체적 문제를 발굴하고, 문제 해결의 수단과 방법을 찾아내 실제 적용하는 것에 집중하기가 어렵기 때문이다.[13]

독재정권의 시기가 아닌 상황에서, 반독재 민주주의 이념 및 가치에 관한 교육은 추상적인 방향으로 흐르거나, 과거사 교육으로 흐를 가능성이 높다. 시민을 주입식 교육의 피교육자로 한정하면서 대상화시킬 우려마저 있다. 추상적 교육과 과거사 교육의 필요성을 부정하는 것이 아니다. 추상화 능력과 과거사 지식은 이러 저러한 현실 문제

13 시민교육은 인간은 올바른 이념과 가치의 습득을 통해 올바른 생각과 행동을 한다는 가정에서 벗어나야 한다. 올바른 이념과 가치가 별도로 존재한다는 가정에서도 벗어나야 한다.

들의 구조적 성격과 근원을 파악하기 위해서라도 필요하다. 하지만 추상화 능력의 함양과 과거사 지식의 습득에 대한 필요성을 시민 스스로 자각할 수 있도록 해야 한다. 이를 위해 우선해야 하는 것이 바로 시민들이 살아가고 있는 당대의 현실인 것이다.

민주화 이전 독재정권 시기의 시민교육은 민주주의 이념과 가치에 기대어 시민의 저항성을 강조할 수밖에 없다. 하지만 민주화 이후의 시민교육은 민주주의 이념과 가치 그 자체가 아니라 민주주의를 지속적으로 작동시켜나가기 위한 시민의 책임성과 제도적 절차와 장치를 운용할 수 있는 역량을 강조해야 한다. 또한 다양한 이해와 요구를 표출하는 데 그치지 않고 그것이 미칠 영향과 결과에 대해 숙고하고 숙의하는 것에 초점을 맞추어야 한다. 이를 통해 민주주의가 현실에서 '필요한' 이유를 발견할 수 있도록 해야 한다.

이때 유의할 것은 민주주의의 필요성이 부와 권력을 가진 이들의 흠과 허물을 단죄하는 데에서 나오지 않는다는 것이다. 부자와 권력자의 흠과 허물을 단죄하면 안 된다는 것이 아니다. 민주주의의 목적이 부자와 권력자들의 흠과 허물을 단죄하는 것에 있지 않다는 것이다. 또 설사 단죄한다 해도 그 이유를 특정해야 한다는 것이다. 그리고 무엇보다도 민주주의가 필요한 이유는 부자와 권력자가 아니라 오히려 부와 권력을 갖고 있지 못한 이들, 즉 '민중'을 우선 살피기 위함이라는 것이다.

민주주의와 정당에 관한 이론 연구에 큰 영향을 끼친 미국의 정치학자 샤츠슈나이더는 "인민을 위해 민주주의가 만들어진 것이지, 민주주의를 위해 인민이 만들어진 것은 아니다. 민주주의는 평범한 사람을 위한 것이다"[14]라고 했던 이유도 민중을 우선하는 생각에 기초한 것이다. 그가 말한 인민과 평범한 사람들이란 부와 권력을 갖고 있지 못한 다수의 보통 사람들, 즉 민중을 가리킨다.

고대 그리스 이후 아주 오랫동안 잊혀졌던 이름, 기억되었다 해도 부정적인 것으로 간주되었던 민주주의[15]가 19세기 말에서 20세기 초에 들어 '좋은 것'으로 탈바꿈되어 인류 역사의 전면에 다시금 등장할 수 있었던 것도 바로 부자와 권력자의 흠과 허물을 단죄하기 위함이 아니라 민중을 우선 살피는 사상과 이념으로 이해되었기 때문이다. 경제적 불평등이 심화된 가운데 강자독식이 판을 치는 한국 사회를 떠올릴 때, 민주주의가 필요한 이유 역시 다른 무엇보다도 민중 우선에서 찾을 수 있을 것이다.

---

14 E. E. 샤츠슈나이더, 현재호·박수호 역, 『절반의 인민주권』(서울: 후마니타스, 2008).

15 데이비드 헬드, 박찬표 역, 『민주주의의 모델들』(서울: 후마니타스, 2010).

참고문헌

샤츠슈나이더, E. E. 현재호·박수호 역. 2008. 『절반의 인민주권』. 서울: 후마니타스.

이국운. 2010. 『헌법』. 서울: 책세상.

김윤철. 2012. 「한국 시민의 실존양식: 분할과 인간의 위기」. 『정치평론』 vol.10.

_____. 2012. 「사회의 전환과 새로운 주체의 발견에 대한 단상」. 『진보평론』 51호.

랑시에르, 자크. 양창렬 역. 2008. 『무지한 스승』. 파주: 궁리.

그람시, 안토니오. 이상훈 역. 1986. 『옥중수고 I』. 서울: 거름.

헬드, 데이비드. 박찬표 역. 2010. 『민주주의의 모델들』. 서울: 후마니타스.

4장 시민교육 교과의 현장활동[1]

채진원

1. 현장활동의 중요성

2014년 한국에서 벌어진 '세월호 참사'를 계기로 시민교육에 대한 관심과 중요성이 커지고 있다. 세월호 참사는 승객의 안전과 생명을 무시하고 이윤획득만을 추구한 선박회사 임직원들의 잘못된 행태와 더불어 이러한 임직원들의 탐욕과 무책임을 제어하기는커녕 거꾸로

---

1 이 글은 2015년 『인문사회 21』 제6권 1호, 71-101에 실린 「시민교육 교과에서 현장활동의 방법론과 매뉴얼 탐색」을 본 저서의 취지에 맞게 재구성한 것이다.

관료마피아가 되어버린 관료와 국가공무원들의 부패하고 무능한 시민성(civility)을 보여주었다. 즉 현장에서 안전과 공공성을 기대하는 승객과 시민들의 처지를 생각하지 않는 선박회사와 정부 관료들의 '무사유'(sheer thoughtness)와 현장을 고려하지 않는 의사결정들이 어떤 참사를 불러오는지를 똑똑히 보여주었다. 이러한 참사를 예방하기 위해 학교와 교육은 무엇을 어떻게 할 것인가? 그에 대한 해답 중에 하나는 당연 현장에 대한 충분한 이해를 기초로 올바른 의사결정을 내릴 수 있는 성숙한 시민을 키우기 위한 시민교육의 활성화로 모아질 수밖에 없다. 시민교육은 최소한 국가가 왜 필요한 것인지? 민주공화국이란 어떤 체제인지? 법치주의가 왜 필요한지? 공공성을 위해 돈으로 사서는 안 되는 것들이 무엇인지? 성숙한 공무원과 시민이란 누구인지 등을 제대로 교육할 필요성이 있다.[2]

시민교육이란 무엇인가? 학술적으로, 이론적으로 개념정의가 충분히 합의되지는 않았다. 하지만 일반적으로 시민교육이라 함은 "'국가의 구성원으로서의 시민'이 지녀야 할 기본적인 권리와 책무(의무와

2 시민교육이 다뤄야 할 핵심 주제로는 다음과 같은 것이 있다. 1. 시민교육은 꼭 필요한가? 나는 탁월한 시민인가? 2. 살아가는 방식에 있어서 탁월한 시민과 노예의 차이점은? 3. 시민교육은 왜 현장활동과 연결되어야 하나? 4. 시민교육은 왜 좋은 질문하기, 말하기, 토론이 중요한가? 5. 대한민국은 왜 민주국이 아니라 민주공화국인가? 6. 민주공화국에선 법치주의와 준법정신이 필요한가? 7. 돈으로 살 수 없거나 돈으로 사서는 안 되는 것이 있나? 8. 세계화는 신자유주의화이고, 미국화와 같은 것인가? 9. 지구화, 정보화 등 전환기적 시대 상황에서 왜 '엄밀한 과학'이 필요한가?

책임)를 안내하는 교육"이라 할 수 있다. 그것의 핵심은 "'사회의 구성원들이 그 국가와 공동체가 지향하는 기본적인 이념이나 가치에 대하여 확신을 가지고 정치체제에 효율적으로 참여하면서 주어진 역할과 책임을 수행해 나가도록 안내하는 데 필요한 교육체계'"라 할 수 있다. 그것의 핵심내용은 "시민이 가진 본성적이고 잠재적인 능력(즉, 공공성을 지닌 존재로서 자신의 행복한 삶을 추구하는 데 필요한 능력과 자질)을 키우고 시민들의 행복한 삶이 실질적으로 유지되도록 하는 데 영향을 미치는 국가의 정책결정과정과 의사결정과정에 참여하는 방법과 관련된 국가의 규범과 법제도에 대한 것"이다.[3]

성숙한 시민이란 누구인가? 이것을 개념적으로 정의하기는 쉽지 않다. 하지만 미국의 정치학자 한나 아렌트가 『예루살렘의 아이히만』이라는 저서를 통해 "자기의 의무와 책임을 생각하거나 판단하지 않고 상부조직에서 시키는 일만 열심히 하는 것도 악(惡)이 될 수 있다"는 '악의 평범성'(banality of evil)을 경고한 것처럼, "타인의 고통과 처지를 생각할 줄 모르는 '생각의 무능'은 '말하기의 무능'을 낳고, 말하기의 무능은 '행동의 무능'을 낳는다"는 것을 깨닫고 성찰하는 것에서 이것의 실마리를 찾을 수 있다.[4]

성숙한 시민이란 다름 아닌 타인의 고통과 처지를 고려하면서 생

---

3 채진원, 「시민교육 파트너십」, 『시민사회 파트너십과 공공성』(서울: 인간사랑, 2014a), 209.

4 한나 아렌트, 김선욱 역, 『예루살렘의 아이히만: 악의 평범성에 대한 보고서』(서울: 한길사, 2006).

각하고, 말하고, 행동하는 국가의 통치자이자 피통치자인 시민을 말한다. 그렇다면 성숙한 시민은 어떻게 탄생할 수 있는가? 이것 역시 답하기 어려운 문제이다. 더욱이 타인의 고통과 처지를 이해하는 일은 단순히 머리를 통해 교수자에 의해 일방적으로 주입식 교육을 통해 성취될 수 있는 일이 아니다. 물론 주입식 교육과 세뇌교육을 통해 가능할 수도 있다. 하지만, 이것은 앞서 말한 바대로 '생각의 무능'을 낳는 '평범한 악'을 지닌 시민을 양산한다. 주입식교육과 세뇌교육의 부작용과 폐해가 이미 드러난 만큼, 그것을 반복할 필요는 없다. 성숙한 시민의 탄생을 돕고 촉진하는 새로운 접근이 필요하다. 새로운 접근이란 학교와 교육이, 시민들이 살아가면서 겪게 되는 생활상의 고통과 불만, 애로사항이 드러나거나 발생하는 사건과 현장을 포착하면서 그것의 배경과 의미를 파악할 수 있을 때 가능하다.

따라서 성숙한 시민의 탄생을 위한 시민교육에 생생하고 풍부한 생활현장과 연계된 현장활동 프로그램을 배치되는 것은 어찌 보면 당연하다. 본 글에서 일반적으로 고등학교까지 사용되고 있는 '창의적 체험활동'과 구별하여, 대학수준에 맞게 '현장활동'이라는 개념과 명칭을 사용한다. 이것을 사용하는 것은 다음과 같은 배경 때문이다. 즉 창의적 체험활동이라는 것이 초중등교육법에서 자율활동, 동아리활동, 봉사활동, 진로활동으로 활동의 범위와 방식이 제한하고 있기 때문에, 시민교육과 연계되는 현장활동은 창의적 체험활동이 규정하고 있는 것을 포함하여 그 이상의 활동과 방식을 지향해야 한다는 당위적 필요성을 강조하기 위해서이다.

그러나 이 같은 현장활동의 당위적 필요성에도 불구하고, 현장활동의 바람직한 이상(理想)이 무엇인지, 이러한 이상을 구현하기 위한 방법론의 문제는 아직까지 정립되지 않은 채, 시행과 실천 상에 많은 어려움이 있는 것이 사실이다. 왜냐하면 시민교육과 연계된 현장활동의 경험과 지도경험이 일천하고 축적되어 있지 않기 때문이다. 또한 이것에 대한 지도경험이 있더라도 이것을 체계적이고도 전문적으로 지침의 수준까지 매뉴얼화하거나 구체화하는 데 역량의 한계가 있기 때문이다. 특히 현장활동을 수행하고 싶어 하는 학생이나 현장활동을 지도해야 하는 교수자들이 참고할 만한 변변한 지침서와 교과서가 거의 없다는 것이 현실적인 어려움이다.

따라서 본 글에서는 시민교육과 연계되는 현장활동의 바람직한 상(像)을 잡아보고, 현장활동을 수행하고 지도하는 데 있어서 학생들과 교수자들이 참고해야 할 지침사항을 탐색해보는 것을 목표로 한다. 이를 위해 경희대학교 후마니타스 칼리지에서 선도적으로 시행하고 있는 〈시민교육 교과에서의 현장활동〉 사례와 필자가 경희대에서 교수자로 지도했던 현장활동의 경험을 기초로 현장활동 매뉴얼에 대한 개괄적인 방향과 점검사항을 기술하고자 한다.

2. 현장활동의 방법과 절차

본 장에서는 현장활동의 전체적인 상(像)을 잡기 위해, 현장활동의 이론적 논거, 현장활동이란 무엇인가, 현장활동은 왜 필요한가, 현장활동의 접근법은 어떤 것이 있는가, 현장활동의 목표는 무엇인가, 현장활동의 전체 흐름도, 현장활동 일정표 예시와 관련된 방법과 절차를 살펴본다.

1) 현장활동의 이론적 논거

경험학습, 현장교육, 체험학습, 현장체험학습, 야외체험학습 등 최근 초중등 공교육과 대학교육에서도 교실(강의실) 밖 현장과의 결합을 강조하는 추세가 강화되고 있다. 시민교육은 대립과 갈등적인 상황에서 국가공동체 구성원인 시민이 누려야 하는 권리와 자유에 부합하는 책임과 의무 등을 다루는 특성상 현장과의 결합이 긴밀하여, '경험으로부터 학습'(learning from experience)과 '행함으로써 배움'(learning by doing)을 추구할 수 있는 접근과 프로그램을 가질 때 그것의 효과는 더욱 크다. 교육학에서 현장과 연계되는 교육접근으로 현장활동이라는 말을 명시적으로 사용하지는 않지만, 다양한 관점에 근거한 이론적 논의는 오래전부터 있었다. 주요 논거는 다음과 같다.[5]

첫째, 경험과 학습을 강조하는 진보주의 교육의 관점이다. 진보주의 교육의 대표적인 학자는 듀이(Dewey)[6]이다. 그에게 경험이란 환경

---

5 고미숙,「체험교육의 의미」, 『아시아교육연구』제7권 1호 (2006), 133-162.

6 John Dewey, 이홍우 역, 『존 듀이의 민주주의와 교육』(서울: 교육과학사, 1989).

과의 상호관련성을 내포한 개념이다. 즉 경험에는 학습자가 환경과 능동적으로 상호작용하는 의미가 내포되어 있기 때문에, 경험을 하는 주체가 능동적으로 참여하지 않으면 경험은 이루어지지 않는다. 듀이는 경험이 의미가 있기 위해서는 사고가 내재되어야 한다고 주장한다. 사고는 원인과 결과 그리고 활동과 결과사이의 구체적인 관련성을 파악하는 과정 속에서 성숙하게 된다.

둘째, 체험(lived experience)의 의미를 강조하는 해석학의 관점이다. 대표적인 학자는 마넨(Manen)[7]이다. 그는 라틴어 experientia에서 어원하는 경험은 시도, 증명, 실험과 검사하는 의미를 가지고 있다고 보고 있다. 그는 체험은 감각자료에 기초하는 것이 아니라 지향적인 것이며, 주체적 개인들에 속한 의도라고 보고 있다. 해석학의 관점에서 서 있는 마넨은 경험이란 자신이 경험한 체험을 회상하고 해석하는 과정을 통해 경험이 의미가 있다는 것을 알게 되는 과정이다. 그와 듀이와의 차이는 다음과 같다. 듀이에게 경험이란 원인과 결과의 관계성을 파악하는 상호작용의 과정이다. 하지만 마넨에게 경험이란 어떤 객관적이고 사실적인 경험이라기보다는 개인이 느끼고 체험한 것을 자신의 내부로부터 기술하는 과정속에서 회상되고 의미를 부여하게 되는 학습과정이다.

셋째, 학습과 경험을 통해 지식의 구성을 강조하는 구성주의 관

---

7 V. M. Manen. "Linking ways of knowing with ways of being practical," *Curriculum Inquiry, 6*(1977), 205-228.

점이다. 대표적인 학자는 나딩스(Noddings)[8]이다. 그는 모든 지식은 처음부터 고정불변하게 존재하는 것이 아니라 경험을 통해 상호적으로 구성된다는 관점을 강조한다. 그는 개인이 자신의 경험으로부터 의미를 구성할 수 있다고 보기 때문에, 학습자는 적극적이고 능동적인 존재로 상정된다. 따라서 그는 교사들이 학습목표를 확립하고 그 과정에서 학생들의 적극적인 참여를 보장할 것을 강조한다.

넷째, 경험과 학습을 인간의 자기실현과정으로 보려는 인간주의적 관점이다. 대표적인 학자는 로저스(Rogers)[9]이다. 그는 인간을 자기실현하는 인간, 충분히 기능하는 인간으로 상정한다. 따라서 자신이 인간으로서 가지고 있는 모든 잠재력을 충분히 발휘하도록 하는 데 필요한 경험을 다양하게 해봐야 한다고 강조한다. 학습자들은 경험을 통해 반성을 하게 되고, 그 경험을 새로운 방식으로 소유하게 되면서 진정한 지식을 얻게 된다는 것이다.

이상의 네 가지 이론적인 논거는 현장활동에서 중시되는 경험의 중요성과 함께 교육에서 확인되어야 할 경험과 의식의 관계를 인과적으로 혹은 변증법적인 관계로 또는 상호구성적으로 설명하는 데 이론적 공헌을 했다. 하지만 이 같은 의의에도 불구하고 이러한 이론적 논

---

8 Nel Noddings, 박찬영 역, 『넬 나딩스의 교육철학』(서울: 아카데미프레스, 2010).

9 Carl Rogers. "Toward Becoming a Fully Functioning Person." In A. W. Combs, ed., *Perceiving, Behaving, Becoming* (Yearbook. Washington, D.C., 1999).

거들은 메를로-퐁티(Merleau-Ponty)[10]와 같은 탈근대론적인 몸지각론자(신체현상학)가 볼 때, 데카르트 이후 근대철학이 가지고 있는 몸과 의식의 이분법적 분리(주체와 대상, 내재와 외재, 정신과 물질, 몸과 의식)에서 나오는 주관주의와 객관주의 분리를 통합시키지 위한 '몸 지각행위'(body perception)가 배제되어 있고, 따라서 실제(reality)를 경험하고 인식하는 데 한계를 가질 밖에 없다. 메를로-퐁티는 이성, 지성, 정서 등이 몸의 작용임을 밝히면서 몸의 근원성을 부각시켰다는 점에서 이전의 접근과 근본적으로 다르다.[11] 따라서 본 글에서는 메를로-퐁티가 제시하고 있는 몸지각론의 관점에서 체험을 통해 몸과 지식이 연계되어 참다운 인식에 도달하는 모델을 현장활동의 대안적인 상으로 제시해보고자 한다.

2) 현장활동이란

현장활동이란 일반적으로 "우리 주변의 삶 속으로 직접 들어가 그곳에서 생활하는 다양한 사람들의 좌절과 희망, 애환과 갈등을 관찰하고 조사하는 가운데 대안적 삶을 모색하는 적극적인 학습방식을

10 M. Merleau-Ponty, 류의근 역, 『지각의 현상학』(서울: 문학과 지성사, 2002).

11 이병승, 「몸에 관한 철학적 담론과 그 교육학적 효과」, 『교육철학』 제18집(2000), 227-251

말한다."[12] 즉, 현장활동이란 자기의 주변 생활과 현장에서 벌어지고 있는 시민의 삶과 관련된 공공의 것과 공공의 문제들에 대해 관심을 갖고 가까이 다가가서 체험하고 실천하면서 '시민으로서의 덕성'(civic virtue)과 '주인됨의 생활방식'(ownership)을 체득하고 배우는 경험적·이론적 학습활동을 말한다. 여기서 '현장'이란 어떤 특정한 장소, 구체적이고 명시적인 공간만을 가리키는 것이 아니라 이것을 포함하여 사건이나 문제점이 드러나는 현상이나 시간 그리고 추상적이고 상징적 공간 모두를 포함하는 것으로 사용한다.[13]

현장활동이란 "우리 주변의 삶에서 이루어지는 모든 자원활동을 의미"한다. 즉 자원활동이란 '자원봉사'가 아니라 "자신의 의지와 선택으로 이웃, 지역사회, 국가, 세계적인 문제 해결에 자발적이고 적극적으로 참여하여 사회발전과 변화를 이루어내는 것이다. 이러한 자원활동을 위해서는 자신이 가진 자원을 개발하고 발전시켜 필요한 곳에 적절히 나누는 것이 필요하다."[14]

---

12 경희대 후마니타스칼리지, 「현장활동과 비전 만들기」, 『제2의 탄생』(서울: 경희대 출판국, 2012).

13 채진원, 「현장활동의 현상학적 이해와 시민교육과의 관계」, 시민교육 교과 워크샵 발표문(2013. 3).

14 경희대 후마니타스칼리지, 「현장활동과 비전 만들기」.

3) 현장활동은 왜 필요한가

그렇다면 시민교육이 이론학습과 더불어 또 따른 접근으로 생활 현장과 연계되는 체험학습(體驗學習) 즉 현장활동이 필요한 근원적인 이유는 무엇일까? 그것은 교실과 교과서속에서 이뤄지고 있는 이론학습의 한계를 보완하고 더욱 고양된 이론학습의 창의성을 촉진하기 위해서 필요하다. 인간의 의식을 실질적으로 고양시키는 것은 외부로부터 주입되는 추상적인 이론과 개념이 아니라 자신이 살고 있는 구체적인 생활세계와 공간에 참여하면서 그곳에서 겪게 되는 '몸의 의식' 즉, 오감각의 활동으로 체험되는 '지각의식'을 통해 가능하기 때문이다.

인간은 자신이 겪게 되는 몸의 체험과 경험을 통하지 않고, 뇌와 머리에 정보와 의식을 저장할 수 있는 방법은 없다. 인간이 자신의 뇌와 머리에 정보와 의식을 저장하려면 몸의 오감을 반드시 이용해야 한다. 시각, 청각, 후각, 미각, 촉각 등 인간이 가진 감각작용과 행위를 통해 외부세계의 자극과 정보를 수용하고 이것을 뇌와 머리로 전달하여 몸과 머리간에 서로 적응하고 반응하면서 인간의 감각변화와 더불어 의식의 변화도 함께 자연스럽게 일어나는 것이다.[15]

머릿속에서 뇌와 의식변화가 일어나게 되면 그것이 다시 인간의 몸과 감각에 영향을 주고, 또다시 뇌와 의식에 영향을 주면서, 몸(삼

15 백기복, 『조직행동연구』 제2판(서울: 법문사, 2000).

각)과 뇌(의식)가 서로 반응하고 서로 적응하면서 인간의 감각과 의식을 고양시켜 나가는 것이다. 몸과 뇌의 상호작용과 적응과정을 통해 인간의 감각과 더불어 의식이 발전한다는 메커니즘을 이해하는 것은 시민교육과 연계되는 현장활동의 상과 방법론을 이해하는 데 있어서 매우 중요하다. 왜냐하면 현장활동은 몸과 뇌가 서로 상호작용하고 상호 적응하게 하는 메커니즘이 원활히 작동하도록 촉진하고 매개하는 목적의식적 활동이기 때문이다. 즉 현장활동은 이러한 메커니즘의 작동을 촉진하고 활성화하여 몸과 정신을 분리시키거나 몸보다 정신을 더 우월하게 취급했던 '근대적 사유체계'를 반성함으로써 현장과 현실에 대한 실질적인 이해를 바탕으로 인간의 의식과 감각을 전면적으로 고양시키는 것을 지향한다. 여기서 인간의 의식과 감각을 전면적으로 고양시킨다는 것은 일상을 살아가면서 자신도 모르게 권력과 자본의 메커니즘에 길들여지고, 훈육되고, 규율화 되고, 억압되고, 합리화 되고, 타성과 순종에 젖은 몸과 감각 및 정신에서 벗어나 진정한 삶의 주인으로 자신이 거듭날 수 있도록 잃어버린 몸의 감각과 자아 및 자율정신을 되찾는 힐링(healing)을 말한다.[16] 따라서 현장활동이란 마치 플라톤의 '동굴의 비유'에서 등장하는 그림자를 보는 활동이 아니라 동굴 밖으로 나와 실제의 세계를 만끽하는 과정과 같다.

16 강미라, 『몸 주체 권력: 메를로퐁티와 푸코의 몸 개념』(서울: 이학사, 2011).

4) 현장활동의 접근법: 상향적 접근과 몸지각적 접근

인간의 몸과 뇌를 상호 적응하게 하고 소통시키는 현장활동은 이론학습에서 사용하고 있는 이론과 개념에서 출발하는 접근(인식의 하향적 운동)과 달리 역으로 구체적인 현상과 현장이 작동하는 시간과 공간 즉, 인간이 지닌 감각작용과 몸의 체험에서 출발하여 점차 추상적인 개념과 이론으로 나아가는 접근(인식의 상향적 운동)을 사용한다.[17] 후자의 접근은 사회를 지배하는 주류 담론과 지배적 가치라는 닫힌 공간에 들어가 그것에 균열을 내고 비판하면서 새로운 가치를 생산하는 실천이고, 굳어진 인습과 관행에서 자신의 몸과 정신을 해방시켜 자유정신을 되찾는 과정이며, 또한 세계를 새롭게 인식하고 설정하는 힘이다.

인식의 상향적 운동을 추구하는 현장활동은 결국 시민들이 살아가고 생활하는 삶의 현장(real field/place)인 가정에서 출발하여 지역공동체, 직장공동체, 사회공동체, 국가공동체, 세계시민공동체로 점차 자신의 생활단위를 경험적이고, 체험적으로 넓게 지각하는 접근(bodily perception)을 말한다. 이러한 접근은 앞서 언급한 바대로 몸과 정신을 분리시키는 근대적 사유체계에서 나타나는 폐해인 주관주의적 경향과 객관주의적 경향 간의 갈등구조에서 벗어나 실제에 대한 엄밀한 인식과 판단에 도달할 수 있는 실마리를 제공받을 수 있다. 즉

17 모리스 메를로-퐁티, 류의근 역, 『지각의 현상학』(서울: 문학과 지성사, 2002); 김홍우, 『현상학과 정치철학』(서울: 문학과 지성사, 1999).

머리→가슴→손이 아닌 손→가슴→머리로 이어지는 몸지각론적인 접근(bodily perception)을 통해 인식의 출처와 내용을 엄밀하게 확보함으로써, 똑같은 현상을 두고도 주관주의적 경향(유심론)과 객관주의적 경향(유물론)이 갈등하는 인식의 편향성을 극복하고 보다 고양되고 성숙한 현실인식에 도달할 수 있다. 결국 지각적 접근이란 인간이 지닌 오감각을 사용하는 활동을 통해 대상세계를 선택하고, 조직하고, 해석하는 인간의 정신활동인 '스키마'(schema)[18]능력을 제고하는 접근이라 할 수 있다.

5) 현장활동의 목표

〈총괄 목표〉

- 학생과 시민들이 현장활동에 자발적으로 참여하여 각 개인의 개성과 소질 및 잠재력을 계발·함양하고 자율적인 주인정신을 찾으며, 타인에 대한 이해를 바탕으로 나눔과 배려를 실천함으로써 공동체의식과 지구시민으로서 덕성과 생활방식을 체득하는 것을 지향한다.

---

18 외부의 환경에 적응하도록 환경을 조작하는 감각적·행동적·인지적 지식과 기술을 통틀어 이르는 말.

〈하위 목표〉

- 학생과 시민들이 이웃과 지역사회를 위한 나눔과 배려의 활동을 실천하고, 자연환경의 보존과 사회적 정치환경을 개선하는 생활습관을 형성하여 더불어 사는 삶의 가치를 깨닫는다.
  또한 자신의 흥미, 소질, 적성을 파악하여 자신의 정체성과 개성을 파악하고, 학업과 직업 및 사회적 실천에 대한 삶의 진로를 설계하고 준비한다.

6) 현장활동의 전체 흐름도

〈표 1〉 현장활동의 전체 흐름도

〈현장활동 1단계〉 문제의식을 통해 현장활동계획서를 수립하여 현장활동을 수행하는 단계			〈비전 만들기 2단계〉 원인신단에 따른 대안과 처방을 세우고 최종보고서를 정리하는 단계		
주제정하기 및 사전답사 ⇨	현장활동계획서 발표 및 현장활동 시작 ⇨	현장활동 일지 작성 및 활동내용 점검 ⇨	비전 방법론 논의 및 비전 계획서 제출 ⇨	비전 발표 및 점검 ⇨	최종 보고서 제출 및 평가

현장활동의 전체 흐름은 〈표 1〉과 같이 크게 현장활동을 실행하는 〈현장활동 1단계〉와 현장활동에서 드러난 결과와 원인을 기초로 처방과 발전방향을 찾는 〈비전 만들기 2단계〉로 구성된다. 〈현장활동 1단계〉는 ① 주제정하기 및 사전답사, ② 현장활동계획서 발표 및 현

장활동 시작, ③ 현장활동 일지 작성 및 활동내용 점검으로 구성된다. 〈비전 만들기 2단계〉는 ① 비전 방법론 논의 및 비전 계획서 제출, ② 비전 발표 및 점검, ③최종 기말보고서 제출 및 평가로 구성된다.

〈현장활동 1단계〉는 〈그림 1〉처럼, 개별/조별 구성→주제 및 활동 방식 선정→사전답사/활동계획서 수립→현장활동 돌입→현장활동 일지쓰기→현장활동 평가(원인과 해법 찾기)로 더 세부적인 단계로 구성된다. 조를 짜는 문제는 수준에 따라 여러 방법이 있을 수 있다. 개별적으로 하는 경우와 조를 짜서 활동하는 경우 각각 장단점이 있다. 개별적으로 하는 경우는 주제선정 및 시간정하기 등 빠른 의사결정을 할 수 있다는 장점이 있다. 반대로 개인이 담당해야 할 책임의 범위가 크다는 단점이 있다. 조를 짜서 하는 경우는 개별로 했을 경우와 비교해서 비교적 더 큰 프로젝트를 여러 명이 함께 협력과 공동부담을 통해 수행할 수 있다는 장점이 있다. 하지만 역할분담과 시간조정이 되지 않을 경우 갈등이 발생할 수도 있다. 개별로 할 것인지, 조별로 할 것인지를 자신의 문제의식 정도와 활동수준 및 프로젝트 성격에 따라 자연스럽게 선택하도록 유도하고, 조별로 할 경우 보통 4명으로 하는 것이 좋다.

〈그림 1〉 현장활동 1단계 구체화 흐름도

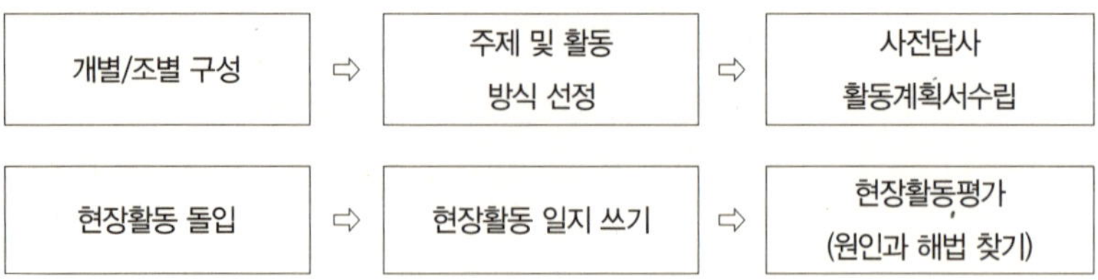

〈비전 만들기 2단계〉는 〈그림 2〉처럼, 나의 문제의식은 무엇인가? → 내가 던진 질문은 무엇인가? → 질문에 대한 답은 무엇인가? → 답 결과의 원인은 무엇인가? → 내가 생각하는 방향/비전은? → 처방의 구체적인 행동계획은? → 최종 보고서 어떻게 정리할까?로 더 세부적인 단계로 구성된다.

〈그림 2〉 비전 만들기 2단계 구체화 흐름도

나의 문제의식은 무엇인가?	현장활동을 시작하기 전 문제의식을 다시 확인한다.
⇩	
내가 던진 질문은 무엇인가?	문제의식을 구체화한 질문을 확인한다.
⇩	
질문에 대한 답은 무엇인가?	질문에 대한 답(성공, 실패)을 정리한다.
⇩	
답 결과의 원인은 무엇인가?	답의 결과를 초래한 원인(近因, 中因, 遠因)을 찾아본다.
⇩	
내가 생각하는 방향/비전은?	원인진단에 따른 처방의 방향성과 비전을 세운다.
⇩	
처방의 구체적인 행동계획은?	처방을 위한 구체적인 행동과 실천계획을 설정한다.
⇩	
최종 보고서 어떻게 정리할까?	현장활동 전 과정(계획, 실행, 비전, 평가) 보고서 정리하기

7) 현장활동 일정표 예시

〈표 2〉 현장활동 16주 일정 예시는 필자가 시민교육 수업시간에 진행했던 강의계획서를 일부 응용이 가능하도록 한 예시이다. 16주의 교육일정은 다음과 같이 짜여 있다. 중간시험이전까지 〈시민교육과 현

장활동의 필요성 찾기1.2〉→〈현장활동 사례 감상하기〉→〈현장활동방법론 맛보기〉→〈현장 사전답사(사전조사) 계획세우기 및 개별/조별 구싱〉→〈현장활동 계획서(5주 이상 프로그램) 만들기와 다듬기〉→〈좋은 현장활동에 대한 평가지표 공개〉→〈현장활동계획서 발표 및 보완〉로 진행된다. 그 이후에는 〈중간시험: 현장활동계획서와 현장활동 진행사항 중간보고1.2〉→ 〈현장활동 일지 쓰기 요령 안내와 활동점검〉→〈비전수립의 방법론 안내 1: 원인 찾기〉 〈현장활동 진행사항 발표(1)〉→〈비전수립의 방법론 안내 2: 처방찾기〉 〈현장활동 진행사항 발표(2)〉→〈자기 질문답변과 비전에 대한 발표 및 점검〉 〈기말 최종보고서 작성 요령 공개〉→〈기말시험: 현장활동 최종보고서 발표〉로 진행된다. 이러한 학습계획서는 이후 다른 교수자에 의해 더욱 풍부하고 다양하게 보완되고 응용될 필요가 있다.

〈표 2〉 현장활동 16주 일정 예시

주	강의주제	주	강의주제
1주	〈시민교육과 현장활동의 필요성 찾기1〉 *동영상 경희대 후마, "나비 비상하다" *동영상 KBS 파노라마, "무능과 부패의 네트워크, 관료마피아" *동영상 지식채널e, "그가 유죄인 이유"	9주	중간시험: 현장활동계획서와 현장활동 진행사항 중간보고1
2주	〈시민교육과 현장활동의 필요성 찾기2〉 *니체 '정신의 변화단계'(낙타, 사자, 아이) 설명 *숙제: 반 친구 사진 그려오기 3점씩)	10주	〈현장활동 일지 쓰기 요령 안내와 활동점검〉

3주	〈현장활동 사례 감상하기〉 *동영상 KBS, "아름다운사람들-함께 꽃피워요" 시청 후 토론 *동영상, 학생 현장활동 사례 시청 후 토론	11주	〈비전수립의 방법론 안내 1: 원인 찾기〉 〈현장활동 진행사항 발표(1)〉 *동영상, 최진실 죽음의 근인과 원인) *동영상, 용산사태의 근인과 원인
4주	〈현장활동방법론 맛보기〉 *매슬로의 인간의 욕구발전 5단계와 시민의 행위양식 *한나 아렌트의 활동적 삶의 양식 *현장활동 주제 찾기 및 토론(자료: 테마 공개)	12주	〈비전수립의 방법론 안내 2: 처방 찾기〉 〈현장활동 진행사항 발표(2)〉 *학교폭력의 근인과 원인
5주	〈현장 사전답사(사전조사) 계획세우기 및 개별/조별 구성〉 *『제2의 탄생』 제6장 "사유와 실천으로 떠나는 여행: 현장활동과 비전 만들기" 리딩 후 코멘트 〈현장활동의 방법론: 체험형 vs 조사형 vs 절충형〉 안내 *동영상 KBS 시사기획, "폐지 줍는 노인들" *조 구성 완료(최대 4인 가능, 1인도 무방) *숙제: 현장 사전 답사(조사) 다녀오기	13주	〈자기 질문답변과 비전에 대한 발표 및 점검(1)〉 〈기말 최종보고서 작성요령 공개〉
6주	〈현장활동 계획서(5주 이상 프로그램) 만들기와 다듬기〉 *동영상 지식채널e, "국민의 집 1.2" 에를란테르 스웨덴 총리	14주	〈자기 질문답변과 비전에 대한 발표 및 점검(2)〉 〈기말 최종보고서 작성요령 공개〉

7주	〈좋은 현장활동에 대한 지표 공개〉 〈현장활동계획서 발표 및 보완〉	15주	기말시험: 현장활동 최종보고서 발표
8주	중간시험: 현장활동계획서와 현장활동 진행사항 중간보고1	16주	기말시험: 현장활동 최종보고서 발표

3. 기획단계에서의 유의사항

본 장에서는 현장활동 초기 기획단계에서 점검해야 할 사항을 살펴본다. 현장은 경험하지 않은 미지의 세계이기 때문에 막막하고 까칠하다. 물론 이미 경험한 현장이라고 할지라도 새로운 각도와 시선으로 보지 못한 부분까지 볼 수 있다면, 그 현장은 과거의 현장이 아닌 새로운 현장이라고 말할 수 있다. 이러한 현장의 세계로 들어간다는 것은 용기와 준비가 필요하다. 현장활동의 동기를 감소시키는 것은 막막함과 잦은 시행착오이다. 현장활동에서 이런 동기감소로부터 벗어나 구체적인 계획과 행동으로 옮기기 위해서는 누구와 함께 어떤 주제로 어디에 가서 누구를 만나 무슨 활동을 할 것인가와 관련된 사항에 대해 충분한 브레인스토밍을 해야 한다. 그리고 그 결과를 구체적인 현장활동계획서로 정리해야 한다.

한번 현장활동계획서를 수립했다고 해서 최종적으로 끝나는 것이 아니다. 최종적인 단계까지는 계속해서 빠뜨리거나 미처 생각하지 못했던 사항들을 발견하는 즉시 그때그때 수정·보완할 필요가 있다. 최종적인 현장활동계획서를 확정하기 전까지 반드시 점검해야 할 사항들이 많이 있다. 대표적인 것이 활동계획서 안에 드러나야 할 문제의식, 주제 선정, 질문사항, 활동의 목표, 활동의 방식, 사전답사(조사), 도움을 받을 사람명단, 준비물, 주의사항 등에 관한 것이다.

1) 현장활동계획의 평가지표

〈표 3〉 현장활동계획서 평가지표

	1	2	3	4	5
창의성					
현장성					
참여성					
연대성					
체험성					
비전성					
기여성					
오락성					
지속성					
홍보성					
총 합계	50점 만점				

*5점 척도(하: 1, 중: 3, 상: 5)

**정량평가 기준과 의미

- 창의성: 문제의식이 얼마나 신선하고 창의적인가?
- 현장성: 문제의식이 머리가 아닌 주변 생활공간과 현장에서 출발하고 있는가?
- 참여성: 얼마나 진지하게 활동과정에 참여하여, 진행되고 있는가?
- 연대성: 주변 사람들, 시민단체, 엔지오단체들과 연대하고 있는가?
- 체험성: 얼마나 체험적으로 활동에 임하고 있는가?
- 비전성: 문제 해결에 도움이 되는 대안적 활동이 제시되고 있는가?
- 기여성: 활동이 주변 사회에 얼마나 기여하고 있는가?
- 오락성: 얼마나 활동을 즐기고 있는가?
- 지속성: 활동이 얼마나 꾸준히 지속되고 있는가?
- 홍보성: 주변에게 활동의 성과가 얼마나 공유되고 있는가?

그렇다면 어떤 것이 좋은 현장활동인가? 좋은 현장활동의 조건을 만족시키는 일은 쉬운 일이 아니다. 좋은 현장활동으로 정립되기 위해서는 브레인스토밍 단계에서 문제의식, 주제 선정, 질문사항, 활동의 목표, 활동의 방식, 사전답사(조사), 도움을 받은 사람명단, 주의사항 등에 관해 분명한 자기고민과 계획이 있어야 한다. 이러한 것을 진행하기 위해서는 학생과 교수자 모두 좋은 현장활동이란 어떤 것인지에 대한 바람직한 상과 기준을 사전에 확보하고 공유할 필요가 있다. 그래야만 단순하게 현장활동을 수행했다는 평가에서 벗어나 현장활동의 성과와 한계 및 교육적 효과까지 평가할 수 있을 것이다. 이와 관련해서는 바람직한 상과 기준을 구체화할 수 있는 평가지표를 개발하여 활용하는 것이 좋다.

〈표 3〉 현장활동계획서 평가지표는 필자가 직접 개발한 것으로, 잠정적인 현장활동계획서가 수립되고 중간시험에서 발표되기 전까지 좋은 현장활동이 되기 위해서 고려해야 할 평가지표에 대한 예시이다. 그것은 좋은 현장활동이 담아야 할 지표로서 10개의 평가지표를 담고 있다. 창의성, 현장성, 참여성, 연대성, 체험성, 비전성, 기여성, 오락성, 지속성, 홍보성을 제시하고 있으며, 5점 척도(하: 1, 중: 3, 상: 5)로 총 50점을 만점으로 하고 있다. 학생과 교수자들이 이것을 응용하여 어느 한 지표에 치우치는 편협한 현장활동계획서가 되기보다는 전체 평가지표가 골고루 균형점에 도달할 수 있도록 설정하고 스스로 자신의 현장활동이 지향해야 할 상과 약점 및 보완사항을 의식하도록 적극 지도할 필요가 있다.

필자는 좋은 현장활동이 되기 위해서는 세 가지 활동유형을 피하는 것이 좋다고 강조해 왔다. 첫째는 현장에 대한 긴장감과 노력없이 너무 편하게 시도할 수 있는 쉬운 활동(집에서 동생 돌보기, 학교에서 휴지 줍기, 학교 앞 교통신호 지키기 캠페인 등)이다. 둘째는 창의성과 문제의식이 없이 이미 답과 결과물이 예상되거나 답이 나온 너무나 뻔한 현장활동(상투적인 봉사활동, 도움이, 설문조사)이다. 셋째, 시간과 비용, 위험성 등으로 너무 하기 어려운 현장활동(북한 김정은 만나기, 미국에 오바마 만나기, 세계여행 등)이다. 좋은 활동을 위한 평가지표를 소개하고, 피해야 할 활동의 사례들을 풍부하게 이야기해줌을 통해 처음부터 좋은 현장활동에 도전할 수 있도록 동기를 부여하고 지도해야 한다.

2) 문제의식과 주제 정하기

현장활동에서 가장 중요하지만 가장 어려운 일은 창의적인 '문제의식'과 '주제의식'을 갖도록 동기를 부여하는 일이다. 그동안 정해진 시험문제에 대해 답만 찾았던 학생들에게 스스로 자신의 관심사항을 통해 문제의식을 찾아서 질문을 하고 그에 대한 해답을 찾을 것을 요구하는 현장활동은 매우 익숙하지 않은 활동이다. 교수자가 정해준 문제를 찾고 정해준 활동을 수행하는 것은 그렇게 어려운 일이 아니다. 학생들에게 가장 어려운 것은 스스로 '수준있는 질문'을 던지는 일이다. 그렇다면, 어떻게 좋은 문제의식을 갖으면서 창의적인 활동에 참여할 수 있도록 '수준있는 질문'을 던지도록 동기부여를 하고 지도할 것인가?

〈표 4〉 한국사회 통계사항은 현장활동을 시작하는 데 가장 첫 번째 단계인 문제의식과 주제를 설정하는 단계에서 참조할 만한 자료이다. 이것은 한국사회가 처해있는 고통과 문제점을 숫자로 보여주는 기초적인 통계자료로써 한국이 부정적인 차원에서 세계 1위하고 있는 영역을 잘 보여주고 있다. 학생과 교수자들이 이러한 통계자료를 바탕으로 이러한 현상이 무엇을 의미하는 것이지, 정확한 실태는 무엇인지, 이러한 현상은 왜 발생하는 것인지, 그 원인은 무엇인지, 이것을 어떻게 처방하고 해결할 것인지 등등에 대해 스스로 자신의 문제의식을 갖고 주제를 설정하도록 지도할 필요가 있다. 이것 외에도 〈표 5〉 현장활동의 주제 예시를 활용하고 현장활동을 이해하는데 도움을 주는 영상물을 시청해도 좋을 것이다.

〈표 4〉 한국사회 통계사항

<table>
<tr>
<td>– 자살률 세계1위
– 청소년 자살률 1위
– 낙태율 세계1위
– 이혼률 1위
– 저출산률 1위
– 고아수출 세계1위
– 교통사고 사망률 세계1위
– 제왕절개 세계1위
– 노동시간 1위
– 1인당 술 소비량 세계 1위
– 음주운전율 1위
– 음주운전사고 세계 1위
– 흡연율, 청소년 흡연율 1위
– 위암발생률 1위
– 간암 사망률 1위
– 결핵 사망률 1위
– 당뇨병 사망률 1위
– OECD국가 중 강간율 1위
– 사회불평등, 빈부격차 1위
– 사교육비 1위
– 학교 교육비 가계 부담률 1위
– 대학 학비 민간 부담률 1위
– 교사 평가도 최하위
– 국민 소득 대비 부동산 값 1위
– 자살사망률 세계 1위
– 유아 유기 12,000명
– 고아 수출(해외입양) 16만 명(누계)
– 미국/캐나다 원정출산 27,000명(누계)</td>
<td>– 해외진출 매춘여성 12만명(세계 1위–대부분 생활비 곤란 때문)
– 절대빈곤 청소년(18세 이하) 100만 명
– 결식아동 120만 명
– 수업료 못내는 고교생 4만 명
– 가출 청소년 50만 명
– 방학 때 결식 초등생 62만 명
– 평소 결식 중고생 20만 명
– 수업료 못내는 고교생 37,000명
– 범죄 건수 202만 건 (2009년, 경찰청)
– 국민 1인당 의료비 1,688$, OECD 24위(OECD평균 2,984달러)
– 국가의료비 비율(국민의료비/GDP) 6.8% OECD 26위(OECD평균 8.9%)
– 인구 1만 명 당 의사 수 1.7명, OECD 29위 (OECD평균 3.1명)
– 간암/갑상선암 발병률 OECD 1위
– 뇌졸중 사망자 남 97명, 여 64명 (OECD평균 남 60, 여 48명)
– 폐암사망률5명 (인구 10만명당, OECD평균–55명)
– 40대 남자 사망률 세계 1위 (스트레스에 의한)</td>
<td>– DP 대비 공공복지 지출 비율 OECD 최하위(OECD 34위, 멕시코 35위)
– 외채 5,100억 달러(GDP의 55%)
– 가계부채 약 912조(2010년)
– 국민소득대비 가계부채 95%
– 1가구당 평균 부채 약5,200만원(빚 있는 가구는 평균 8,100만원)
– 국가경제 무역의존도 95.9% 세계 1위(2009년, 2008년 108% vs 2000년 74.3%)
– 수출의존도 49.9% OECD 2위 (사우디아라비아 1위 52.7%)
– 곡물자급률 26% OECD 꼴찌 (쌀 자급도 95.8%, 쌀 제외 자급도 5%–밀 0.2%, 옥수수 0.7%)
– 빈곤율 20.9% OECD 1위 (OECD평균 10.6% 출처: 조선일보 2011.8.5일자)
– 최저임금대상자 약 234만 명 (86만4천원/월=4320₩ x 8hr x 25일/월)
– 신빈곤층 382만 명 (일할수 있는 18~65세, 최저생계비에도 못 미치는 계층, 조선일보 2011.8.5)</td>
<td>– 무주택가구비율 45%(대한민국 주택보급률 106%)
– 노동시간 OECD 1위(2300시간으로 압도적)
– 노동생산성 OECD 최하위권
– 저임금노동자 비율 OECD 1위
– 빈부격차 불만지수 OECD 1위
– 성별 임금격차 OECD 1위
– 노동자 경제고통지수 세계 3위
– 실업률 22%(OECD 계산법)
– 무직가구 비율 17%(6가구 중 1가구)
– 비정규직 노동자 900만 명 (전체노동자의 50%)
– 임시직 노동자 비율 OECD 2위
– 생계형 알바 300만 명(전체 알바의 60%)
– 청년(15–24세) 백수 450만 명
– 부패지수 아시아 3위(1위 중국, 2위 베트남)
– 청렴지수 세계 47위(OECD 꼴찌)
– 육아지원 재정부담 비율 OECD 꼴찌
– 생활 만족도 OECD 꼴찌
– 산재사망률 OECD 1위</td>
</tr>
</table>

	- 소득불평등도 OECD 2위(1위 미국, 3위 멕시코) - 백만장자 증가율/빈부 격차율 세계1위 - 인구 10%가 국가 전체 富의 74% 점유 - 인구 1%(10%)가 사유지 57(86)% 독점 - 노동소득분배율 OECD 최악 1위 59%	- 신용불량 410만 명 - 전기/가스 차단 130만 가구 - 상대빈곤률 18%(농어민 제외) - 최저생계비 OECD 꼴찌 - 최저생계비 이하 750만 명(농어민 제외) - 월수입 100만 원 이하 노동자 비율 38% - 자본소득분배율 OECD최고	- 정신병원 강제입원율 세계 1위 - 입양아수 OECD 1위 - 독서안하기 OECD 1위. 성인 일인당 한 달에 1.8권 - 빈곤층 1,200만 명 (4인 가족 월수입 150만 원 이하 750만 명)

〈표 5〉 현장활동의 주제 예시

- SSM과 전통시장의 상생: 골리앗과 다윗의 대결, 피할 수 없는가? - 대학생들의 착한 소비자 활동: 소비자가 왕이다 - 학내 생활협동조합 활동: 조합원이 된다는 것 - 대학 장학제도 현황과 개선: 내가 낸 등록금을 돌려받을 수 있는 길 - 高예산 영화와 低예산 영화 비교: 영화에도 순위가 매겨지는가 - 골목상권 활성화: 정겨움이 가득 한 오래된 길의 가치 - 공정무역의 의미와 공론화 방안: 돈의 노예에서 벗어나기 - 소비문화의 현황과 과소비: 폼 나는 외모가 숨기고 있는 것 - 대기업의 독과점 사례 조사 및 해결 방안: 가진 자의 횡포 - 노점상 현황과 강제 철거: 떡볶이와 오뎅의 추억 - 농산물 가격과 유통 문제: 농산물의 거품 가격 - 농촌의 실태와 발전 방안: 버려진 곳 그러나 삶의 원천 - 명품소비의 심리학과 경제학: 명품과 짝퉁의 공생 - 사회적 기업과 일자리 나누기: 돈이 목적이 아닌 기업	- 미혼모 실태와 그들이 겪는 현실: 육아의 사회적 책임 - 아버지가 살아온 인생: 자식에게 말하지 못한 기막힌 사연들 - 성폭력 실태와 개선 방안: 왜곡된 성문화가 초래한 비극 - 공교육 문제와 개선 방안: 그래도 공교육을 지켜야 하는 이유 - 대학 교양교육의 현황과 개선 방안: 졸다가 학점 따는 수업의 비애 - 대학생의 독서 실태와 독서 활성화: 책 안 읽는 학생들 - 대학생의 음주문화: 우리에게 내일은 없다 - 초등학생 선행학습 실태와 문제점: 초등학생이 미적분을! - 도서관 바로 알고 이용하기: 도서관을 놀이터로 - 사이버공간에서의 언어 파괴 문제: 익명성 속에 숨은 비겁자들 - 봉사시간 의무 할당제와 학생들의 인식 개선: 강제적 봉사활동 - 스마트폰 사용과 에티켓: 심각한 스마트폰 중독자들 - 유학생의 한국 적응기: 한국학생은 모르는 유학생들의 눈물 - 저작권법과 불법다운(카피): 공짜는 좋다?

- 아르바이트생의 노동 현실과 문제: 또 다른 노예
- 동네빵집 활성화: 맛있다
- 유료 어플의 적정 가격: 값어치 못하는 어플들
- 감정노동자의 노동 실태: 고객님!
- 청년실업 실태와 해결 방안: 보이스비엠비써스!
- 길거리 쓰레기통 디자인: 쓰레기를 유발하는 쓰레기통
- 대학의 학생복지 현황과 개선: 반값을 넘어 무상 등록금 쟁취
- 대학생의 주거 환경과 기숙사 운영 개선: 나도 들어가고 싶어!
- 교내 운동선수들의 생활과 학업성취도: 운동선수와 학생의 경계
- 대안학교의 허와 실: 정말 대안이었나
- 재개발로 쫓겨나는 철거민들: 국가폭력의 진원지
- 최저시급의 현실화: 날아라 알바생
- 타인의 삶 체험하기: 내가 아닌 너, 네가 아닌 나
- 태안반도 기름유출사건, 그 후: 재난이 남겨놓은 것들
- 학생인권조례와 학생 인권: 학생 잡는 학교
- 독도 영유권 분쟁 관련 인식조사와 참여 촉구: 들어라, 역사의 외침을
- 무분별한 성형수술 실태와 문제점: 인조인간
- 공공장소 구급장비 및 시설 실태와 개선 방안 : 나는 안전지대에 있는가
- 기초화장품 성분표기 실태와 문제점: 피부도 숨 쉬고 싶다
- 의료봉사단체 운영과 봉사활동: 백의의 천사
- 장기 기증 현황과 인식 조사: 사람은 죽어서 무엇을 남기는가
- 청소년 흡연 실태와 문제점: 화장실에서의 추억
- 도시의 보행권 보장: 차보다 못한 사람
- 공장식 축산 실태와 육식문화 문제점: 식용동물 사육의 현실
- 시위 참여자를 통해 본 시위문화와 인식 조사: 시민됨의 시작
- 학벌 없는 사회 만들기: 졸업장이 밥 먹여주나
- 통폐합 위기 학교 실태와 살리기 방안: 학교는 지역의 거점이다
- 한글의 오용과 외국어 남용: 당신의 한국어 실력은?
- 취약계층 아동교육 현황과 멘토링: 당신도 그 누군가에게 멘토일 수 있다
- 다문화가족 자녀가 겪는 생활상의 어려움과 개선: 단군신화의 허상
- 20대의 문화생활: 잘 놀지 못하는 대학생들
- 거리공연 실태와 개선 방안: 버스킹족을 만나보자
- 게스트하우스 운영과 외국인의 만족도: 나도 숙박해보자
- 교내 동아리활동의 현황과 활성화: 학내 문화수준의 척도
- 국악에 대한 인식조사와 대중화 방안: 익숙하지 음악
- 노상 전도, 표현의 자유인가, 기본권 침해인가: 불신지옥
- 재개발로 사라져 가는 공간: 근대화의 명암
- 독립영화 제작환경과 제도 개선: 독립영화의 매력
- 문화특성화 거리의 문제점과 해결 방안: 원주민 몰아내는 정책
- 문화재 관리 실태: 옛 것의 소중함
- 인디음악 제작환경과 제도 개선: 말 달리자
- 서울에서 '걷고 싶은 거리' 찾기: 서울의 올레길 개척하기
- 비인기 종목의 열악한 운동 환경: 비인기 종목 선수로 산다는 것
- 웹툰의 제작과정과 웹툰작가의 생활: 웹툰작가로서 산다는 것
- 인사동의 현재와 미래: 전통거리의 위기
- 일반팬과 사생팬의 문화수용 차이: 빠순이의 삶
- 장애인 예술: 장애인이 만들어낸 창조물들
- 대중교통 이용의 문제점과 개선 방안: 편안한 대중교통 만들기
- 학교 주변 문화지도 그리기: 내가 모르는 학교 주변 명소들
- 한국의 결혼문화: 체면이 중요한 결혼식

3) 현장활동 방법론: 체험형 vs 조사형 vs 절충형

현장활동에서 문제의식을 찾는 것 다음으로, 중요하고 어려운 일은 어떻게 현장활동에 접근할 것인지와 관련한 현장활동방법론에 관한 것이다. 어떤 현장활동 방법론을 사용할 것인가? 고급수준에서는 질적 방법론(초점그룹인터뷰 〈focus group interview, FGI〉, 심층면접, 생애구술사〈oral life history〉)과 양적 방법론(1,000명 이상의 설문지 표본과 SPSS를 이용한 통계기법 등) 등으로 구분되어 복잡하지만 초급 수준에서는 단순화하여 적용할 필요가 있다. 초급수준에서의 현장활동의 방법은 크게 '체험형'과 '조사형' 그리고 체험형과 조사형을 혼합한 '절충형'이 있을 수 있다. 절충형은 혼합의 비중에 따라 체험형적 절충형과 조사형적 절충형이 있을 수 있다. 체험형은 활동의 1차적인 초점이 자신이 직접 체험하고 경험하는 데 있고 2차적인 초점은 체험과 경험에서 얻어진 지식과 정보를 얻어서 주변에게 알리는 데 초점을 맞춘 활동이다. 이에 비해 조사형은 설문지, 인터뷰 등 과학적인 설문기법과 통계기법 등 양적, 질적 조사방법론을 동원하여 사건과 문제의 실태를 구체적으로 조사하는 데 1차적인 목적이 있는 활동이며, 조사의 결과를 주변에게 홍보하고 알리는 것은 2차적인 활동이다.

체험형과 조사형은 각각 활동의 장단점이 있다. 체험형은 조사형에 비해 사건과 문제의 실태를 과학적인 조사방법론을 동원하지 않고 누구나 쉽게 접근할 수 있다는 장점이 있다. 하지만 그렇기 때문에 체험형에서 얻어진 지식과 정보는 객관적인 데이터로서 주장하기에는 상당한 어려움이 있을 수 있다. 따라서 이 조사형은 새로운 사실을 발견하거나 반론하기보다는 기존의 지식과 정보를 재확인하는 차원에서 의미가 있다. 조사형은 체험형과 다르게 설문조사를 하더라도 표본의 양과 질 그리고 통계기법 등을 엄격하게 맞춰야 하는 단점이 있는 활동이다. 하지만 체험형에 비해 조사형을 통해 얻어진 지식과 정보는 엄밀하고 수행하기 까다로운 만큼, 정보와 지식의 신뢰성이 높고 지적 영향력과 권위를 가질 수 있는 장점이 있다. 체험형으로 해야 할지 아니면 조사형으로 해야 할지 아니면 이 둘을 혼합한 절충형으로 해야 할 지는 학생과 교수자들의 문제의식의 수준과 능력수준에 따라 결정되어야 한다. 다만 조사형이 엄밀성을 추구하고 있다는 것을 충분히 인식하고 초보수준에서는 체험형과 체험형 절충형 및 조사형 절충형도 충분한 의미가 있는 만큼, 수준에 맞서 선택하여 활용할 필요가 있다.

현장활동의 방법론에서 피해야 할 사항을 열거해 보면 다음과 같다. 첫째, 설문조사에서 시작하여 인식개선으로 끝나는 '용두사미형'이다. 이것은 머리는 거창하지만 허리와 꼬리는 졸속으로 끝나는 형으로 적당한 설문표본의 분량과 대표성도 확보하지 않은 채, 자신의 설문조사를 과학적인 양 포장하여 그것을 가지고 믿어달라고 하면서 주변의 인식개선까지 밀고 나가는 활동이다. 둘째, 현장활동을 굳이 할 필요가 없는 '뻔한 형'이다. 다시 말해, 이 경우는 현장활동의 목적이 자신의 편협한 사고와 경험에서 벗어나 풍부하고 까칠한 현장을 체험적으로 알아간다는 것임을 거듭 상기시킬 필요가 있다. 셋째, 문제가 아닌데 일부러 문제로 만들어서 풀려고 하는 형이다. 이 경우는 창의적인 측면도 있지만 아주 지엽적인 부분에서 벌어진 일이나 문제를 과도하게 일반화해서 다른 곳에도 무리하게 적용시키는 경우이다. 넷째, 구체적인 활동은 진행하지 않고, 풀 수 없는 문제만 자꾸 제기하는 형이다. 다섯째, 문세의식과 체험 및 활동내용은 없고, 인식개선만 강조하는 형이다. 넷째와 다섯째 경우는 현장활동의 목적은 직접적인 인식개선을 목표로 하는 것이 아니라 자신이 경험하고 체험한 활동의 결과물을 만들고, 이후 활동의 결과물을 주변과 나누고 공유하는 과정에서 인식개선의 효과는 자연스러운 결과로서 얻어지는 것이라는 것을 강조할 필요가 있다. 기타로 이미 답과 결론이 나와 있는데, 자신만 모른 채 마치 새로운 문제의식인 것처럼 포장하는 '무늬만형', 시민교육과의 연관성에서 자꾸 멀어지는 자기 취미생활을 하고자 하는 '취미활동형', 문제의식이 없이 이미 처음부터 학교 안에서 해야 하겠다고 정하고 주제를 찾는 '주객전도형', 활동하는 조는 있으되 토론과 공감이 없이 기계적인 역할분담만 있는 '무관심형' 등이 있다.

4) 현장활동의 방식과 범주

〈표 6〉 2013년 현장활동 백서 우수사례

영역	주제
경제정의	1. 핸드폰! 호구고객 탈출 프로젝트, 2. 해산물을 취급하는 음식점의 원산지 표기에 대한 조사, 3. 사회적 기업과 청년 사회적 기업가, 4. 중국인 유학생 아르바이트 실태와 가이드북 제작배포
교육, 학술	1. 열람실 좌석 반납시스템 개선, 2. 학교의 학생들에 대한 의료복지 실태 조사 및 개선방안 도출, 3. 청운관 학생식당 더 편리하게 이용하기, 4. 대학입시제도

문화, 예술, 종교	1. 반구대 암각화의 보존과 그 대안 탐구, 2. 서울을 배경으로 한 문학작품 속 배경탐방, 3. 윤봉길의사 기념관에 관한 홍보, 4. 우리 문화제 단디 챙겨라
사회적 약자	1. 수화의 언어권, 2. 인력시장과 일용직 노동자에 대한 인식개선 및 개선방안 찾기, 3. 유니버설 디자인, 4. 교내 장애인 학우들을 위한 복지 추진, 5. 사회구조 속 노숙자
세계시민	1. 국내 외국인 관광객과의 소통 증대, 2. 무슬림 학생을 위한 학생식당 만들기
안전, 보건, 의료	1. 캠퍼스 내 학교 안내판 설치하기, 2. 남성의 배뇨자세를 바꾸기 운동, 3. 가축으로서의 개 도축·유통 관련 법 제정의 필요성 환기
여성, 가족	1. 가족의 정의 재구성, 2. 부부 간 갈등 및 해결
인권	1. 국가보안법을 말한다, 2. 학생인권조례와 왕따 문제, 3. 학교 내 계급사회와 계급폭력의 실태 확인 및 개선
참여정치	1. 시위현장을 통한 시민의 목소리 듣기, 2. 경희대학교(국제캠퍼스)의 아고라공간 활성화에 대한 조사와 건의, 3. 행정구역의 불합리성
청년, 세대	1. 개(開)꿈 콘서트, 2. 자취생 복지향상 Project
환경, 생태	1. 자전거 이용 활성화, 2. '4대강' 얼마나 알고 있는가? 3. 환경교육을 통해 환경에 대한 인식개선과 환경보존

현장활동의 주제를 정하고 계획대로 실행하는 것은 매우 어려운 일이다. 많은 사례를 찾아보고 비교 관찰함을 통해 보다 창의적인 문제의식과 주제 찾기에 도달할 수 있다. 주제찾기에 이어서 중요한 것은 문제점을 찾고 탐구하는 전체 계획서 안에 어떤 활동들을 배치할 것인가가 중요하다. 왜냐하면 학생들이 고민하거나 제기한 문제들은 대체로 이미 다른 사람들이 다양한 방식으로 실천하고 있다고 가정해야 한다. 그러한 가정 속에서 관련된 시민단체, 연구단체, 정부기관, 전문가 도움을 받을 수 있도록 '인터넷 관련자료 검색', '문헌자료 검

색', '관공서 방문', '시민단체방문', '인터뷰', '면담', '조사연구', '법안관련 대안 청원하기', '의견서 제출', '자신의 실천방안과 유사한 시민단체의 활동에 참여하기', '창의적인 모임 만들기', '기금마련', '영화 상영회', '상담과 교육', '치료와 간호', '공청회·세미나 개최', '사이버 활동', '인물탐방'과정을 활동계획의 과정에 배치할 수 있도록 적극 지도할 필요가 있다.

또한 현장활동 과정에서 발견하거나 제기된 문제점을 찾고, 해결하기 위해서는 어떤 방식을 사용할 것인지 등 구체적인 활동방식에 대한 고민이 명료하고 입체적으로 드러나게 진행되어야 한다. 일반적으로 사용하는 방식에는 다음과 같은 것이 있다. '대자보 쓰기', '고발', '민원제기', '서명운동', '캠페인', '성명서 발표·기자회견', '시위', '체험 역할극 하기', '공무원 관계자 면담', '감시활동(모니터링)', '교육하기', 'UCC 제작을 통한 알리기', '언론투고', '토론회 개최' 등이 있다. 이것 외에도 현장상황에 맞고 문제점 해결을 위한 다양하고 창의적인 활동방식이 개발되고 고민되어야 한다. 좋은 활동방식은 시민들과 주변의 공감을 쉽게 얻어냄으로써 문제해결의 시간과 비용을 줄일 수 있다. 아울러 어려운 조사형을 추구하다가 용두사미가 되어 포기하는 것보다 체험형으로 출발하는 봉사활동, 돌봄 활동, 멘토링 활동 등도 적극 활용될 필요가 있다.

그리고 지면의 제약상 현장활동의 범주를 구체적으로 소개할 수 없지만 경희대 후마니타스칼리지 시민교과에서 실시한 현장활동의 주제사례를 모은 〈표 5〉와 같이 〈2013년 현장활동 백서〉의 내용을 소개하면 다음과 같다. 〈표 6〉에서 소개하고 있는 활동의 주제 범주로는,

경제정의, 교육·학술, 문화·예술·종교, 사회적 약자, 세계시민, 안전·보건·의료, 여성·가족, 인권, 참여정치, 청년·세대, 환경·생태, 기타가 있다. 이외에도 권력 감시, 기업 감시, 사회적 나눔과 봉사활동, 구호, 대안 경제, 지역공동체, 교육, 역사 등이 있다.

4. 실행 및 평가단계에서의 유의사항

본 장에서는 현장활동의 실행 및 평가 단계에서 점검해야 할 사항으로 현장활동계획서 쓰기, 현장활동 일지쓰기, 비전 만들기(질문답변, 원인, 처방 찾기), 최종보고서 쓰기, 현장활동 전체 요약하기를 살펴본다.

1) 현장활동 계획서 쓰기

〈표 7〉 현장활동 계획서 쓰기 예시

제목	관리가 소홀한 수원 문화재 실태 파악과 문화재 보존을 위한 홍보활동 하기
주제	관리가 우수한 수원화성과 비교적 관리가 허술한 창성사의 관리 상태를 비교, 분석하고 창성사의 현 상태와 개선이 시급함을 알리는 UCC를 제작해 홍보하기
문제 의식	숭례문이 한 개인의 부주의로 역사 속의 이슬로 사라진지도 거의 4년이 되었습니다. 복원을 했다고는 하지만 원래의 모습 그대로를 간직하지 못하고 현대적 요소의 디자인과 건축이 반영된 것이 현실입니다. 따라서 대한민국 국민이 소중히 여기는 또 하나의 역사적 유물인 수원 화성과 상대적으로 덜

문제 의식	관심을 받는 창성사가 어떻게 보존되고 있는지 살피고 보존의 문제점을 찾아 홍보 UCC를 제작함으로서 국민의 인식과 보존 여건을 개선시키고자 주제를 선정하게 되었습니다.
현장 활동 주별계획 및 방법	*1주차: 수원 화성을 방문하여 관리 실태 조사하고 UCC를 위한 사진 및 영상 찍어오기 1주차에는 수원 화성을 직접 방문하여 어떻게 관리 및 보존이 되고 있는지 조사한 후 UCC를 제작할 때 필요한 사진과 영상을 촬영할 계획입니다. 또한, 홍보실에 들려서 수원 화성이 어떻게 관리되고 있는지를 관리자와 인터뷰해 집중 취재할 예정입니다. *2주차: 창성사를 방문하여 관리 실태 조사하고 UCC를 위한 사진 및 영상 찍어오기 2주차에는 수원 화성과 비교해 비교적 관리가 소홀한 창성사를 방문해서 어떻게 관리 및 보존이 되고 있는지 조사한 후 UCC를 제작할 때 필요한 사진과 영상을 촬영할 계획입니다. *3주차: 한국문화재보호재단에 접촉하여 피드백을 받고 창성사 관리 개선을 위한 서명운동 하기 3주차에는 저희가 직접 한국문화재보호재단이라는 시민단체와 컨택을 해서 활동에 도움이 되는 피드백을 받을 예정입니다. 또한 창성사 현장 활동을 통해 문제가 되는 점을 분석해서 이를 개선해야 하는 필요성을 직접 시민들에게 알리며 길거리 서명 운동을 전개해나갈 계획입니다. *4주차: 문화재청 민원마당에 민원 제기 및 UCC 제작하기 4주차에는 문화재청 민원마당에 그동안 모아온 자료와 서명운동 결과물을 가지고 창성사 관리 개선을 위한 민원을 제기할 것입니다. 또한, 3주간 했던 현장활동 결과물과 창성사에 대한 관리의 필요성을 보다 많은 사람들에게 알리는 UCC를 제작해서 각종 sns 사이트와 동영상 사이트에 UCC를 올리고 주변 사람들에게 적극적으로 홍보를 할 계획입니다. *5주차: 민원과 UCC에 대한 반응 분석하기 5주차에는 활동 기간 동안 제기한 민원과 올린 UCC에 대한 결과를 분석하고 개선점을 찾아 개선함으로서 현장 활동의 지속성을 유지하고 성과를 높일 예정입니다.

질문사항	- 잘 보존되고 있는 문화재와 그렇지 않은 문화재의 차이점과 그 이유는 무엇일까? - 우리의 활동이 어떻게 하면 지역 사회에 이바지할 수 있을까?

* 출처: 경희대 국제학과 임가원 학생 최종보고서(2014-1학기).

〈표 7〉 현장활동계획서 쓰기 예시는 2014년 1학기 시민교육을 수강한 국제학과 임가원 학생의 계획서이다. 이 예시는 제목→주제→문제의식→현장활동 주별 계획 및 방법→질문사항으로 비교적 간단하면서도 구체적으로 서술되어 있다. 현장활동계획서는 이러한 양식을 준용하거나 응용하면 좋을 것 같다. 다만 제목은 보다 구체적인 분명한 행위와 활동이 드러날 수 있도록 '○○활동하기'로 정하도록 유도할 필요가 있다. 또한 현장활동의 문제의식은 하나의 잘된 사례만을 또는 문제점이 있는 하나의 잘못된 사례만을 다루기보다는 주어진 기준과 조건이 동일하다는 '단위 동질성'(dimensional homogeneity)에서 잘된 사례와 잘못된 사례를 비교 관점에서 관찰·탐구하여 그것의 차이가 왜 생기는 것인지를 찾아보고, 그것의 시사점과 교훈을 이끌어 낼 수 '비교학적인 방법'(comparative approach)을 적극 사용하도록 동기부여하고 지도할 필요가 있다.

만약 비교의 관점에서 출발하지 않고, 하나의 잘된 사례만 또는 하나의 잘못된 사례만을 다룬다면 왜 잘못된 사례가 발생하는지 왜 잘된 사례가 발생하는지 그 원인 찾기가 쉽지 않고, 따라서 인과론적으로 그 해법 찾기도 어려울 수 있다. 특히, 하나의 잘못된 사례만을 다룰 경우 문제점을 쉽게 지적할 수는 있지만 그렇다면 어떻게 할 것인가와 관련된 원인진단과 해법이 너무 뻔한 것으로 도출되어 결과와 원인이 도치되거나 원인과 결과가 동일해지는 접근이 나오는 오류를 범하게 될 가능성이 크다. 따라서 이러한 오류를 원천봉쇄하기 위해서는 문제의식과 사례수집부터 비교의 관점에서 접근하여 판단할 수 있도록 관련 사례를 들어주고 그 취지를 지도해야 할 것이다.

임가원 학생이 수행한 비교사례는 수원이라는 동일한 행정단위 즉, 동일한 수원의 문화제 행정당국이 존재하는 곳에서 관리가 잘되고 있는 '수원 화성'과 비교적 관리가 소홀한 '창성사'의 문제점을 비교하고 있으며 그 차이가 왜 생기는 지를 문제제기하고 있다. 그러한 문제의식아래 잘 관리되고 있는 '수원화성'에 비해 '창성사'는 왜 그렇지 못한 것인지에 대한 문제점을 구체적으로 살피는 한편, 그것의 원인을 규명하고 그 개선방향을 찾는 활동으로 배치되어 있다. 또한 임가원 학생의 사례처럼 현장활동은 학사일정을 고려하여 최소 5주 이상의 주별 계획서에 따라 구체적인 활동의 목표와 방식이 적시되도록 지도할 필요가 있다. 아울러 질문사항 역시 자신이 현장활동을 통해 탐구해야 할 질문내용을 구체적으로 적시하도록 유도할 필요가 있다.

2) 현장활동 일지쓰기

〈표 8〉 현장활동 일지 쓰기 예시는 2014년 1학기 시민교육을 수강한 국제학과 임가원 학생의 현장활동 일지 쓰기 예시이다. 이 예시는 시간/장소→주차 일지내용→사진→평가/코멘트로 비교적 간단하면서도 구체적으로 서술되어 있다. 현장활동 일지쓰기는 이러한 양식

을 준용하거나 응용하면 좋을 것 같다. 현장활동 일지를 쓰는 이유는 크게 네 가지 이다. 첫째는 자신이 언제 어디서 어떤 활동을 했는지를 기록하기 위해서이다. 둘째는 현장활동을 했는지 안했는지, 애로사항은 무엇인지를 증거사진으로 남기기 위해서이다. 셋째는 활동에 대한 간단한 평가를 통해 교훈을 삼고 다음 활동의 계획을 수립하기 위해서다. 넷째, 최종 보고서를 쓸 때, 목차의 한 부분으로 첨부하기 위해서이다.

〈표 8〉 현장활동 일지 쓰기 예시

일시/장소	2014년 5월 24일/경희대학교 국제캠퍼스 앞 카페 탐앤탐스, 할리스
주차 일지 내용	4주차에는 활동 3주간 수원화성과 수원향교를 방문해 조사한 자료와 서명운동을 바탕으로 문화재청 민원마당에 민원을 제기했습니다. 또한 활동 틈틈이 찍은 영상을 활용해 수원 향교 관리 인식 개선 관련 UCC 제작을 시작했습니다.
사진	 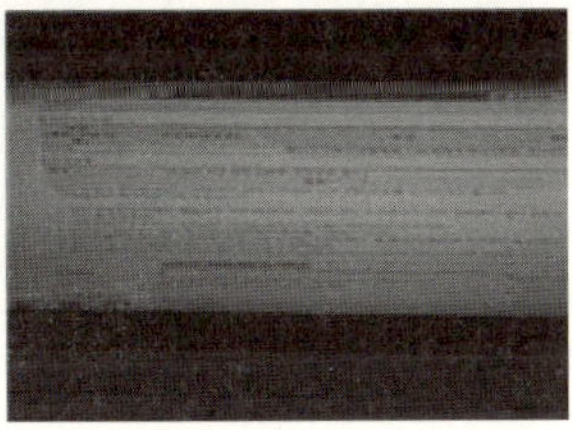
평가/코멘트	이번 주는 현장 활동의 전문성을 실감할 수 있는 한 주 이었습니다. 민원제기는 생각보다 체계적이어서 놀랐습니다. 민원인의 구체적인 정보도 적어야 했고 민원을 작성하는데도 많은 시간과 노력을 쏟았습니다. 하지만 최대한 완벽하게 민원을 작성하려 노력했고 답변을 기다려보려 합니다. UCC 촬영도 제작에 들어갔는데 이 역시 만만한 작업이 아니었습니다. 팀원들이 다 같이 머리를 맞대어 콘티를 짠 후, 무비메이커라는 동영상 작업 프로그램을 이용해 편집을 시작했습니다. 5주차 초반에 마무리 한 후, 완성된 UCC를 인터넷에 올릴 계획인데 사람들의 호응도가 가장 걱정입니다. 그래서 최대한 열심히 주위 사람들에게 홍보를 할 생각입니다. 민원제기와 UCC 만들기 모두

평가/코멘트	전문성을 요구하는 활동이었지만 새로운 것을 체험해 볼 수 있었기에 자부심과 보람을 느꼈습니다. 민원과 UCC 둘 다 좋은 반응과 피드백을 얻기를 기대합니다.

* 출처: 경희대 국제학과 임가원 학생 최종보고서(2014-1학기).

3) 비전 만들기(질문답변, 원인, 처방 찾기)

현장활동의 절정단계는 비전 만들기이다. 비전 만들기는 매우 중요한 과정이기는 하지만 어려운 과정이기도 하다. 왜냐하면 원인 찾기와 해법 찾기에 학생들이 익숙하지 않기 때문이다. 비전 만들기는 일반적으로 "학생들이 주변과 세계의 삶의 현장에서 발견된 문제들을 선정하여 그 원인과 대안을 찾아내고, 공감의 확산과 압력의 행사, 협력적 제안 등을 통해 문제를 해결하려는 종합적인 사회참여활동"이라 할 수 있다.[19] 〈표 9〉 비전 만들기 예시는 2014년 1학기 시민교육을 수강한 국제학과 임가원 학생과 같은 조원이었던 배광호 학생의 비전 만들기 예시이다. 이 예시는 질문답변→원인진단→처방/발전방향으로 비교적 간단하면서도 구체적으로 서술되어 있다. 비전 만들기는 이러한 양식을 준용하거나 응용하면 좋을 것 같다. 다만 원인을 신난하는 문제는 방법론상 매우 어렵고 까다로운 문제이다. 문제의 원인을 어떻게 진단하느냐에 따라 문제개선/해결의 방향이 결정된다는 점을 유념

19 경희대 후마니타스칼리지, 「현장활동과 비전 만들기」, 『제2의 탄생』(서울: 경희대 출판국, 2012).

할 필요가 있다. 원인과 결과의 관계를 설명하는 인과관계의 문제는 여러 철학적인 관점에 따라 어느 관점이 시대적 적실성을 갖는 지에 논쟁하고 있는 것이 사실이다.

〈표 9〉 비전 만들기 예시

질문 답변	☞민원 제기와 서명운동을 통해 올바른 문화재 관리 작업을 이끌어 낼 수 있을까? A: 우선 내가 생각하는 문화재 부실 관리의 원인은 국민들의 문화재에 대한 무관심과 관리자들의 안일한 태도이다. 국민들이 수원화성과 같이 대중적인 문화재에만 관심을 가지다 보니 자연스레 수원향교와 같은 문화재에는 관심도가 떨어지고, 문화재를 방치하게 되는 것이다. 실제로 수원향교 뿐만 아니라 예산 수덕사 대웅전, 창덕궁 돈화문 등의 문화재도 현재 훼손된 상태로 방치가 되고 있는데, 이는 국민들의 무관심도 한 몫 한다고 볼 수 있다. 우리 조는 이러한 문제점에 착안하여 일반 시민들의 관심을 이끌기 위해 수원향교를 알리는 홍보 판넬을 제작했고, 수원역 등에서 서명운동을 받으며 관심을 가져줄 것을 호소했다. 한편 수원향교를 방문해 관리자와의 인터뷰를 하면서, 문화재 관리자 분들이 자신들의 책임을 다하지 않고 있다는 점을 느꼈다. 물론 이를 모든 문화재 관리자 분들의 태도라고 일반화하긴 어렵겠지만, 관리가 부실한 대부분 문화재의 관리자들이 책임감을 가지고 업무에 임했다면, 본인들의 담당 문화재가 방치되는 것을 가만히 두진 않았을 것이다. 우리는 이러한 문제를 해결하기 위해 문화재청에 민원제기를 하였다. 문제점과 개선사항들을 5가지로 정리하였고 서명운동 내용까지 첨부하였다. 이처럼 홍보활동과 서명운동, 민원제기를 통해 부실한 문화재 관리의 원인을 개선하기 위해 노력하였다. 즉, 서명운동과 민원제기가 단지 보여주기 식의 활동이 아니었으며, 문제의 원인을 진단하고 이를 고쳐나가는 올바른 문화재 관리를 위한 올바른 활동이었다. 그러므로 올바른 문화재의 관리 작업을 이끌어 낼 수 있다. 특정 문화재의 개선 활동이 지속성을 가지고, 훼손된 여러 문화재의 개선을 이끌 수 있을까? A: 우리의 활동이 수원향교의 관리 개선을 이끈다고 하더라도 이것이 다른 문화재의 부실 관리를 연쇄적으로 개선할 수 있음을 의미하는 것은 아니다. 활동이 지속성을 가지기 위해서는 다른 활동이 필요하다. 그 중 내가 생각하는

	활동은 '한문화재 한지킴이 운동'이다. 이는 우리의 소중한 문화재를 국민의 자발적인 참여로 가꾸고 지켜나가는 것을 목표로 하는 운동으로, 특히 관리의 손길이 제대로 미치지 않는 소외된 문화재를 찾아 지속적으로 관리하고자 한다. 나는 이 운동의 목표와 진행 방식이 지금까지 해 왔던 활동들의 연상선 상이라고 생각하며, 이 운동에 참여하여 지속성을 가지고 훼손된 문화재의 개선을 도모할 수 있다고 생각한다.
원인 진단	〈부실한 문화재 관리〉 Why?(무엇이 원인인가?) 1. 국민들의 무관심 2. 관리자들의 안일한 태도 3. 문화재 안전 관련 국가 예산의 부족 4. 문화재 관리 주체 이원화
처방 발전 방향	How?(우리는 어떤 마음가짐을 가져야 하는가?) 1. 주체성 – 문화재는 우리의 것이다. 우리 것을 우리가 지키지 않는 다면 누가 지킨다는 말인가. 주인의식을 가지고 더욱 관심을 가져 보살펴야 한다. 2. 자부심 – 문화재는 우리의 얼굴이다. 지금까지 우리의 문화재가 세계의 주목을 받고, 칭찬을 받는 이유는 문화재가 우리나라 고유의 얼과 아름다움을 담고 있기 때문이다. 따라서 우리는 자부심을 가지고 문화재를 관리하여 옛 조상님들의 얼굴에 먹칠하는 일이 있어서는 안 된다. 3. 책임감 – 문화재는 우리의 역사다. 문화재를 통해 훌륭한 옛 조상들의 삶의 정신을 기리고 미학을 배울 수 있는 것이다. 그러므로 보다 더 책임의식을 가지고 우리의 역사를 돌아 볼 필요가 있다. ⇩ What? (무엇을 해야 하는가?) 문화재 부실 관리의 원인 4가지 중 '국민들의 무관심', '관리자들의 안일한 태도'는 대학생인 우리가 활동을 통해 문제를 지적하고, 원인을 고쳐나가는 데 어느 정도 기여할 수 있다. 실제로 지난 5주간의 활동은 이 2가지 원인을 개선하는 것에 초점을 맞추어 이루어졌다(관리가 잘되는 문화재와 안 되는 문화재 직접 방문 후 비교, 관리자 인터뷰, 홍보활동, 서명운동, 자문메일, 민원제기, UCC 제작). 이러한 활동은 일반 국민들, 문화재를 방치해 두었던 관리자들에게 문제의식을 심어주어 바람직한 문화재 관리의 방향성을 제시해 줄 수 있다. 그러나 문제의 또 다른 원인인 '문화재 안전관리 관련 예산 감소'나 '문화재 관리 주체 이원화로 책임소재 불확실'은 대학생인 우리가 해결 할 수 없는 부분이라 생각한다. 따라서 정부가 나서 문제를 해결해야 하며 정부 관리자들은 책임의식과 주체의식을 가지고 문화재 관리, 보호에 힘 써야 한다.

* 출처: 경희대 국제학과 배광호 학생 최종보고서(2014-1학기).

하지만 고급수준의 논쟁은 별도로 하고, 초급 수준에서 인과관계의 관점을 소개하면 다음과 같다. 어떤 결과를 초래하는 원인은 다양한 수준에서 진단될 수 있다. 크게 결과로부터 가까운 근인(近因), 결과로부터 먼 원인(遠因), 그리고 근인과 원인 사이에 중인(中因)이 있을 수 있다. 대체로 근인(近因)은 행위자 개인의 문제(개인의 심성/태도)로 집결되고, 원인(遠因)은 사회구조적인 문제(자본주의, 권력구조)로 집결되며, 그 가운데 있는 중인(中因)은 법·제도·문화의 문제(제도, 시민의식)로 집결된다.

문제는 어떤 것이 적절한 원인이 될 수 있는 가이다. 이 부분 역시 논쟁이 되는 부분이다. 초급 수준에서 원인의 각 수준은 대체적으로 다음과 같은 장단점이 있다. 근인(近因)을 강조하게 될 경우는 원인이 대체로 '사회구조'와 '법제도'보다는 '개인의 행태'에 초점을 맞추기 때문에 문제의 진단이 비교적 쉬운 장점이 있다. 하지만 개선방향에 대해서는 개인만 잘 하면 된다는 결론과 답이 나오기 때문에 너무 뻔하거나 밋밋하다. 또한 개인을 강제하고 있는 사회구조와 법제도를 고려하지 않는다는 비판에 직면할 수 있다. 이어서 원인(遠因)을 강조하게 될 경우 '사회구조'(자본주의 시스템, 정치의 권력구조)가 근본적인 원인으로 부각되어 분명하고 명쾌한 진단이라는 평가를 받을 수 있는 장점이 있다. 하지만 반대로 원인으로 진단된 사회구조적인 문제를 어떻게 개선/해결할 것인가에 대해 혁명과 같은 급진적인 접근 외에 단기적이고 점진적인 해법 제시가 어렵다는 단점에 직면할 수 있다.

이어서 대안으로 중인(中因)을 강조하게 되면 법·제도·문화의 문제(제도, 시민의식)의 문제가 원인으로 진단된다. 이렇게 되면 앞서 지적

했던 근인(近因)과 원인(遠因)을 강조하게 될 때 나타나는 단점의 문제를 비교적 절충적으로 제시할 수 있는 장점이 있다. 하지만 이것 역시 법·제도·문화의 문제(제도, 시민의식)를 구체화하기 어려운 단점이 존재한다. 즉 어떤 요인을 강조하더라도 각각 장단점을 가진 상충효과(trade-off)가 있다는 점을 주의할 필요가 있다. 따라서 학생과 교수자는 원인진단을 하는 데 있어서 바람직한 방법으로, 다차원적인 수준(근인, 원인, 중인)에서 열어놓고 원인진단을 진행하되 중간적인 중인(中因) 수준에서 절충하는 방안을 찾을 필요가 있다.

4) 최종보고서 쓰기

〈그림 3〉 최종보고서 겉표지와 목차 예시

〈2014-1 시민교육 현장활동 최종보고서〉

조명: 수원 향교 지켜조

제목: 관리가 소홀한 문화재 실태 파악과 상태 개선 및 문화재 보존을 위해 홍보 활동하기

이름: 임가원

학과: 국제학과

연락처: 010-0000-0000

학번: 201400000

제출일자: 2014년 6월 9일

목차

A. 현장 활동 계획서 ········ p. 3~5

B. 현장 활동 일지 ········· p. 5~8

C. 사진 첨부 및 해설 ········· p. 9~10

D. 비전수립

– 현장 활동 질문사항에 대한 답변+발전 방향 ········· p. 10~12

E. 소감문 ········· p. 12

F. 활동 평가 ········· p. 12~13

G. 설문 문항 답변 ········· p. 13~14

H. 현장 활동 요약문 ········· p. 14~15

* 출처: 경희대 국제학과 임가원 학생 최종보고서(2014–1학기).

〈그림 3〉최종보고서 표지와 목차 예시는 2014년 1학기 시민교육을 수강한 국제학과 임가원 학생의 최종보고서 겉표지와 목차 예시이다. 이 예시는 겉표지에 있어서 보고서 타이틀 →조명→제목→이름→학과→연락처→제출일자 순으로 서술되어 있다. 또한 목차에 있어서는 현장 활동 계획서→현장활동 일지→사진 첨부 및 해설→비전수립→소감문→활동평가→설문 문항 답변→현장활동 요약문 순으로 서술되어 있다. 현장활동 최종보고서는 이러한 양식을 준용하거나 응용하면 좋을 것 같다. 최종결과물이 한편의 보고서로 집약될 수 있도록 보고서의 형식과 편집에 신경을 쓰도록 지도해야 한다.

5) 현장활동 평가와 설문문항

〈표 10〉 현징활동 평가 질문 예시

1. 시민교육(현장활동교육)을 수강한 소감은 어떤가?
2. 시민교육(현장활동교육)의 긍정성은 어떤 것이 있는가?
3. 시민교육(현장활동교육)의 문제점 혹은 현장활동 시 어려웠던 점은 어떤 것이 있는가?
4. 앞으로 시민교육(현장활동교육)의 개선할 점은 어떤 것이 있는가?
5. 시민교육과정(현장활동교육)을 수강하면서 자신에게 나타난 가장 큰 변화는 어떤 것이 있는가?
6. 시민교육 발전을 위하여 좋은 의견이나 기타 건의사항이 있다면?

〈표 11〉 설문문항 질문 예시

1. 시민교육 심화교과(교양 선택과목) 개설이 필요하다고 생각하십니까?
   ① 매우 필요하다 ② 필요하다 ③ 필요 없다 ④ 모르겠다
2. 시민교육 심화교과 과정이 개설되면 수강 신청 할 의향이 있습니까?
   ① 반드시 신청하겠다 ② 신청하겠다 ③ 신청하지 않겠다 ④ 모르겠다
3. 시민교육 심화교과를 개설한다면 배우고 싶은 과목은?(과목명은 가명)
   ① 민주주의와 시민정치 ② 인권과 사회(소수자와 인권/평등과 차이) ③ 환경과 생태
   ④ 평화 ⑤ 대안사회(대안경제)와 공동체 ⑥ 사회복지와 시민사회 ⑦ 젠더
   ⑧ 시장과 노동 ⑨ 다문화 사회와 인종 ⑩ 지구시민사회와 국제협력(세계화와 세계시민)
   ⑪ 시민문화와 소셜네트워크(시민문화와 집단지성) ⑫ 나눔과 연대 ⑬ 소통과 갈등해결
   ⑬ NGO만들기 ⑭ 사회적 기업 ⑮기타 희망 개설 과목 (　)
4. 시민교육 활성화를 위하여 좋은 의견이나 기타 건의사항이 있으시면 의견을 적어 주십시오.
5. 응답자 프로필 작성표
   전공:
   학과(학부):
   학년:
   성별:

〈표 10〉 현장활동 평가 질문 예시와 〈표 11〉 설문문항 질문 예시는 현장활동을 수행한 학생들과 이 활동을 지도한 교수자들이 한 학

기 동안 진행한 현장활동에서 느낀 점, 배운 점, 부족한 점을 서로 공유하고 의의와 한계를 평가하기 위한 목적이다. 현장활동을 평가하는 데 있어서 이러한 양식을 준용하거나 응용하면 좋을 것 같다.

6) 현장활동 전체 요약하기

〈표 12〉 현장활동 전체 요약문 예시는 현장활동을 마무리하고 작성하는 최종보고서의 맨 마지막에 한 페이지로 요약할 때 사용하는 양식이다. 이 요약문은 각 조의 활동을 일목요연하게 보여줄 뿐만 아니라 전체 학생들의 현장활동을 분류하거나 집계하는 데 편리하다.

〈표 12〉 현장활동 전체 요약문 예시

조(모둠) 이름	향교지켜조
조(모둠) 명단	이름(임가원) 전공(국제학과) 학번(2014101345) 학년(1) 이름(강병철) 전공(국제학과) 학번(2014101225) 학년(1) 이름(송윤서) 전공(국제학과) 학번(2014101296) 학년(1) 이름(배광호) 전공(국제학과) 학번(2014101287) 학년(1)
활동 분야 (체크하시오)	경제정의( ) 참여정치( ) 문화·예술·종교( ) 사회적 약소자( ) 여성·가족( ) 청년·세대( ) 교육·학술( ) 환경·생태( ) 안전·보건·의료( ) 세계시민( ) 인권( ) 지역 자치 공동체( ) 언론·미디어( ) 기타( )
활동 주제	관리가 소홀한 문화재 실태 파악과 상태 개선 및 문화재 보존을 위해 홍보활동하기
활동 방법 (체크하시오)	참여관찰법( ) 내러티브연구법( ) 참여행위연구( ) 심층면접법( ) 초점집단연구( ) 블라인드 테스트( ) 질문지법( ) 길거리 스티커설문( ) 기타( )

활동 내용(주요 내용을 500~600자 내외로 요약하시오)	우리 향교지켜조의 활동주제는 관리가 소홀한 문화재 실태 파악과 상태 개선 및 문화재 보존을 위해 홍보 활동하기이다. 몇 년 전, 우리나라 국보 1호인 숭례문이 방화에 의해 소실되었다. 제2의 문화재 손실을 막기 위해서 현재 문화재들의 관리 상태를 재고하고 사람들의 인식을 높이고자 이 주제를 선정하게 되었다. 우리가 한 주요 활동으로는 수원 화성, 수원 향교를 방문해 관리 실태 파악하기, 수원 향교 살리기 민원 제기하기, 수원 향교 홍보 UCC 제작하기 등이 있다. 결과적으로 우리는 홍보 UCC를 제작해 페이스북에 올려 사람들에게 홍보하기에 성공했고 문화재청 민원마당에 민원을 제기하여 불법 주차, CCTV와 소화기 미설치 등의 문제점에 대한 해결책을 문화재청 관리자로부터 제시받기로 약속 받았다. 문화재에 대한 관리 못지않게 중요한 것이 역사에 대한 교육이다. 문화재를 지키는 것이 왜 중요한 것인지를 알아야 국민들의 인식이 개선되고 문화재 보호 방안이 나올 수 있다. 따라서 보다 강화된 역사 교육이 필요하다고 생각한다.

* 출처: 경희대 국제학과 임가원 학생 최종보고서(2014-1학기).

지금까지 현장활동의 중요성, 현장활동의 개념과 전체적인 프로세스, 현장활동의 초기·중후기 단계에서 점검해야 할 사항들을 초보적인 수준에서 소개하였다. 이러한 소개는 많은 한계를 가질 수밖에 없다. 현장활동에서 요구되는 다양하고 전문적인 활동방식을 풍부하게 소개하지 못하고 있다. 아울러 현장활동에서 주의해야 하는 안전사고에 대해 다루지 못했다. 추후 이 글에서 소개하지 못한 다양하고 좋은 사례와 활동방식, 그리고 보다 체계적이고 전문적인 접근들이 연구되고 그 성과물이 공유되어 보다 풍성하고 전문적인 시민교육과 현장활동으로 연결되기를 희망한다.

현장의 까칠함은 아무리 강조해도 지나치지 않는다. 2014년 1학기 시민교육을 수강한 국제학과 임가원 학생이 현장활동을 이수하고 쓴 보고서를 보면 이 활동이 생각보다 쉽지 않다는 것과 그렇다고 하여 도전할 수 없는 영역은 아니라는 것을 모두 짐작하게 해준다.

시민교육 수업 초반, 교수님께서 현장 활동의 '까칠함'에 대해 말하시고 제2의 탄생 책에서 현장의 '까칠함'에 대해 읽을 때만 해도 그것은 남의 얘기만 같았고 나는 좀 더 수월한 현장을 고르면 될 것이라고 생각했다. 하지만 학기 말이 되어 현장을 몸소 겪어 본 결과, 내 예상은 완전히 빗나갔다. 현장의 '까칠함'은 현장 활동 주제를 네 번 바꾸는 결과를 초래했다. 마지막으로 정한 문화재 관련 현장 활동을 할 때에도 현장은 여전히 까칠했다. 서명 운동을 할 때는 시민들의 무관심을, 인터뷰를 할 때는 인터뷰이의 자신의 직업에 대한 식은 열정을 확인할 수 있었다. 따라서 내 질문에 대한 결론은 현장은 장소를 불문하고 누구에게나 까칠하다. 문제점을 정확히 알고 개선의지가 뚜렷한 사람만이 그 '까칠함'을 이겨내고 진실에 도달할 수 있는 것 같다.

시민교육과 연계된 현장활동을 하는 것은 생각보다 쉽지 않다. 까칠한 현장을 몸소 겪고 극복하겠다는 용기와 철저한 준비 및 전문적인 지도가 없으면 접근하기 어려운 영역이다. 현장활동의 원활한 수행과 대중화를 위해서는 체계적인 준비와 전문적인 지도가 필요하다. 현장활동을 더욱 체계적으로 전문적으로 지도하기 위해서는 더 많은 연구와 노하우의 축적이 필요하다.

참고문헌

경희대 후마니타스칼리지. 2012. 『제2의 탄생』. 서울: 경희대출판국.

고미숙. 2006. 「체험교육의 의미」. 『아시아교육연구』 제7권 1호.

김홍우. 1999. 『현상학과 정치철학』. 서울: 문학과 지성사.

메를로-퐁티, 모리스. 류의근 역. 2002. 『지각의 현상학』. 서울: 문학과 지성사.

배광호. 2014. 경희대 국제학과 2014-1 시민교육 현장활동 최종보고서.

백기복. 2000. 『조직행동연구』 제2판. 서울: 법문사.

아렌트, 한나. 김선욱 역. 2006. 『예루살렘의 아이히만: 악의 평범성에 대한 보고서』. 서울: 한길사.

이병승. 2000. 「몸에 관한 철학적 담론과 그 교육학적 효과」. 『교육철학』 제18집.

임가원. 2014. 경희대 국제학과 2014-1 시민교육 현장활동 최종보고서.

채진원. 2013. 「현장활동의 현상학적 이해와 시민교육과의 관계」. 시민교육 교과 워크샵 발표문.

채진원. 2014. 경희대 후마니타스 칼리지 2014-1 시민교육 강의계획서.

채진원. 2014a. 「시민교육 파트너십」. 『시민사회 파트너십과 공공성』. 서울: 인간사랑.

Dewey, John. 이홍우 역. 1989. 『존 듀이의 민주주의와 교육』. 서울: 교육과학사.

Manen, V. M. 1977. "Linking ways of knowing with ways of being practical." *Curriculum Inquiry. 6.*

Merleau-Ponty, M. 류의근 역. 2002. 『지각의 현상학』. 서울: 문학과 지성사.

Noddings, Nel. 박찬영 역. 2010. 『넬 나딩스의 교육철학』. 서울: 아카데미

프레스.

Rogers, Carl. 1999. "Toward Becoming a Fully Functioning Person." In A. W. Combs, ed., *Perceiving, Behaving, Becoming.* Washington, D.C.: 1962 Yearbook.

5장 시민교육 교과의 성과와 과제

김윤철

1. 교양교육적 조망

이 장에서는 한국 대학 시민교육의 성과와 과제를 경희대학교 후마니타스칼리지의 사례를 통해 살펴보고자 한다. 경희대학교 후마니타스칼리지는 한국 대학 중 유일하게 시민교육을 정식 기초필수 교과로 개설해 운영하고 있다. 이런 중에 여러 대학의 시민교육 프로그램 개설 및 운영의 참고 사례가 되고 있기도 하다. 즉 경희대 후마니스칼리지 시민교육 교과는 한국 대학 시민교육의 대표적인 사례이다.

경희대학교 후마니타스칼리지 시민교육 교과의 가장 중요한 성과는 시민교육을 대학 교양교육의 선상에서 조망하고 제도화하였다는 것이다. 시민교육 교과의 개설과 목표를 전체 교양교육의 목표와 지향점에 기초해 설정한 것이다.

후마니타스 칼리지 교양교육의 목표는 탁월한 개인, 책임 있는 시민, 성숙한 공동체 성원을 기르는 데 있다. 개인과 집단, 사회와 문화가 지닌 복잡성과 다양성, 상호의존성 속에서 자신과 세계의 문제를 해결하는 능력의 토대를 닦아주는 것이 후마니타스 칼리지 교양교육의 목표이다. 이를 위해 교양교육의 지향점을 다음과 같이 설정했다.

- 여러 학문분야들의 관심대상, 접근법, 사유원칙들을 기본수준에서 이해하는 사고능력의 신장을 통해 자유롭고 창조적인 탐구활동과 정신적 도야
- 정보와 지식, 상충하는 진리들, 상이한 가치관, 경쟁적 주장 등을 이성적으로 판단하여 오류와 편견을 가려내고 옳고 그름을 판단하는 능력, 합리적 설명, 타당한 주장, 설득력 있는 해석을 추구할 능력을 길러주는 과학적 사고습관과 비판적 사고력 함양
- 자신과 사회에 대한 책임 사익과 공익을 분별할 수 있는 능력, 민주주의 원칙과 시민적 역량을 터득하여 타자와 소통하고 이해하며, 선의와 배려의 공감의 공동체적 가치를 체득하고 사회참여 정신 육성
- 지구사회의 변화와 위기에 대응하고 문제를 선도적으로 해결하는 힘을 길러 국제사회와 협력하고 인류의 공통관심사를 인지함과 동시에 공통의 문제를 함께 풀어갈 세계시민적 역량 신장

- 심미적 교감과 표현 능력, 예술적 창조성을 존중하는 능력, 역사적 경험을 공유하며 문화적 능력의 함양

〈시민교육〉 교과는 교양교육의 전체 목표와 지향점에 입각하여 개설했다. 『인간의 가치 탐색』과 『우리가 사는 세계』를 두 학기에 걸쳐 배우는 〈중핵〉 교과를 중심으로, 〈글쓰기〉교과가 사고와 표현영역을 〈시민교육〉 교과가 사회참여 영역을 각각 담당한다. 대학이 가져야 할 세계에 대한 관심과 이해는 학문영역은 물론 실천영역에서 함께 이루어져야 한다. 이를 〈시민교육〉 교과가 담당한다. 경희대 후마니타스칼리지는 이와 같은 교양교육의 목표와 지향점에 근거해 시민교육의 목표를 아래와 같이 설정하였다.

- 민주주의를 지탱하고 민주사회를 발전시킬 역량을 가진 합리적·비판적 시민 되기
- 공동체적 삶을 유지하는 데 필요한 신뢰, 선의, 공감, 배려, 봉사, 유대의 덕목을 가진 따뜻한 이웃되기
- 한 나라의 시민임과 동시에 지구사회를 생각하는 '세계시민' 되기

2. 전문 교수역량의 확보와 증진

경희대 후마니타스칼리지 시민교육 교과의 두 번째 성과는 전문

교수역량의 확보와 증진에서 찾아볼 수 있다. 교수자 역량의 확보와 증진은 두 가지 방식으로 이루어졌다. 하나는 교수자들의 공동학습이다. 다른 하나는 현역 시민활동가 강사진의 확보이다.

1) 교수자 공동학습

교수자 공동학습은 주로 교수자 워크숍을 통해 이루어졌다. 교수자 워크숍은 후마니타스칼리지가 설립된 2011학년도부터 2014학년도 현재까지 지속적으로 개최되었다. 교양교육 역량 강화를 위하여 중핵, 시민, 그리고 글쓰기 교과를 중심으로 월 1회 진행함으로써 교양교육의 전문성을 확보해 나갔다. 후마니타스칼리지 이전의 교양교육과의 차별성을 확보하기 위해 교재 개발, 교과 설계, 강의 방법 등의 연구를 중심으로 진행된 워크숍은 후마니타스칼리지만의 독특한 교육, 연구 문화를 정착시켰다.

중핵교과 워크숍은 「인간의 가치 탐색」과 「우리들이 사는 세상」의 교과 내용을 단원별로 연구 발표함으로써 교수자들이 교과의 취지를 공유하고, 수업 목표의 공통성을 확보할 수 있었다. 시민교과 워크숍은 「제2의 탄생」의 교과 내용과 현장활동 방법론을 연구 발표함으로써 실전 중심의 교과 특성을 정착시켜 나갔다. 글쓰기교과 워크숍은 「나를 위한 글쓰기」와 「대학 글쓰기: 세계와 나」의 교과 내용과 글쓰기 지도 방법을 연구 발표함으로써 대학생의 학문적 글쓰기 능력을 제고하도록 견인하였다.

교수자 워크숍의 최대 성과는 각 교과의 취지에 부합하는 가치와 목표를 교수자들이 공유하고 공통성을 확보하고 설립 이후 수년에 걸쳐 교과를 안정적으로 운영함으로써 이전의 교양교육과의 차별성을 확보하였다는 점이다. 교육 설계와 강의 방법을 연구하기 위한 교수자 워크숍이 안정적으로 정착할 수 있었던 주요 동력으로는 교수자들의 열정적인 참여와 헌신, 교양교육의 전문성 확보를 위한 가치 공유 등을 꼽을 수 있다. 다만 교수자 워크숍은 향후 다음과 같은 과제를 안고 있다.

첫째, 각 교과의 틀을 넘어 교과 간의 연계, 협력, 통합을 높여 나가야 한다.

둘째, 교재 개발과 교수 방법에 주로 초점이 맞추어져 있던 것을 넘어서야 한다.

셋째, 교수자의 지속적인 열성적 참여와 헌신을 위한 연구 지원을 활성화해야 한다.

2) 시민활동가 강사진의 확보

경희대학교 후마니타칼리지 시민교육 교과에서 주목할 만한 지점은 현역 시민활동가를 강사진으로 확보했다는 데에 있다. 현역 시민활동가 강사 역량들은 대학생들의 현장활동 기획과 실행 과정에서 피드백을 통해 시민교육의 질을 높이는 성과를 거두었다. 학생들이 장애인권을 활동주제로 삼으면 해당 전문 학자나 활동가에게 연결할 수 있었고, 교·강사 상호간의 정보공유를 통해 학생에게 바로 전달되는 구조가 마련되었다. 교·강사 사이에 생태, 인권, 복지, 노동, 경제 등 학생들이 선정한 주제 영역에 따라 활동가들을 연결시킬 인프라를 교과 차원에서 형성한 것이다.

이 토대는 정부기관이나 지자체, 사회 연구기관, 중등교육과정, 시민사회 등 다양한 부문과의 네트워킹의 기반으로도 작용했다. 민주화기념사업회 및 사단법인 시민과 함께하는 시민교육포럼, 공직자 인문학교육, 서울 및 수원 평생학습 기관 내 시민대학 과정, 고교인문학과정, 지자체 협력을 통한 빈곤층 자녀 멘토링 사업, 서울시 지원의 그린캠퍼스 사업 등이 그 결과이다. 이 기반은 지속적으로 확충이 이루어지면 학생들의 교육현장으로 활용되고 있다. 개설 및 운영 초기 강사진의 소속 기관과 단체를 살펴보면 다음과 같다.

〈표 1〉 경희대 휴마니타스칼리지 시민교육 교과 강사진 소속 기관 및 단체

기관 및 시민단체
한국매니페스토실천본부
정동문화아카데미
유네스코 한국위원회
문화정책연구소
경실련
희망제작소
새마을운동 중앙본부
푸른시민연대 대표
민주언론시민연합
다산인권센터

용인시생활협동조합, 밤토실 어린이도서관
경기개발연구원 연구원
성공회대 민주주의연구소
책읽는 사회만들기
푸른경기21
환경운동연합
참여연대
용인성폭력상담소
한국국제봉사기구
경기복지시민연대
용인참여자치시민연대
인권운동사랑방
풀뿌리자치연구소
수원의제21
아시아포럼
한국청년센터
한국YMCA
수원여성회
도봉시민회
열린사회시민연합

3. 대학생 시민활동의 강화

경희대 후마니타스칼리지 시민교육 교과의 세 번째 성과는 대학생들의 시민활동 강화에서 찾을 수 있다. 경희대 후마니타스칼리지 출범초기 제시된 시민교육의 현장활동의 목적은 세 가지이다. 첫째,

더 나은 세계 만들기의 실천, 둘째, 자기 변화, 셋째, 세계 알기와 경험 확장으로 제시되고 있다. 이 목표를 성취하기 위해 제시된 교육 항목은 다음과 같다.

- 사회와 세계의 여러 문제들을 현장에서 보고 파악하는 능력을 키운다.
- 문제해결의 상상력과 능력을 키울 기회로 삼는다: "나라면 이 문제를 어떻게 풀 것인가?" "나의 대안은 무엇인가?" "더 나은 세계를 위해 내가 할 수 있는 일은 무엇인가?"
- 사회현실과 국제환경에 친숙해지도록 유인한다: "어떤 일들이 어디서 어떻게 벌어지고 있는가?"
- 지평확장을 꾀한다: 세계의 새로운 정보, 지식, 안목을 터득하도록 조력한다.
- 협력망/네트워크/인간관계를 형성하도록 돕는다: "누가 어디서 무슨 일을 하고 있는가?" "그들과 나는 장차 어떤 일을 함께 할 수 있는가?"를 묻도록 유도한다.
- 취업기회와 창업기회의 개척, 진출 분야의 다양성을 개척할 수 있도록 돕는다.
- 열린 정신과 지구성의 마음가짐을 함양하게 한다.
- 갈등 조정력을 신장 시켜야 한다.

이러한 목적과 목표 하에 실제 수행된 시민교육 교과 수강생들의 현장 활동을 언론을 통해 소개된 사례를 중심으로 살펴보면 다음과 같다.

(사례 1) 이성간 연애만 연애라고? 아니지! – 표준 국어대사전의 정의를 바꾸다

권예하(언론정보학과), 송아리(미술학과), 전소연(화학과), 이인석(경영학과), 윤나라(미술학과) 등은 2012학년도 1학기에 후마니타스 칼리지 〈시민교육〉의 현장활동 프로그램을 수행하며 '사랑', '연인', '연애', '애인', '애정' 등의 의미에 주목했다. 이들은 표준국어대사전에 사랑, 연애 등의 사전 정의가 남녀의 관계에만 한정돼 있어 성소수자의 권리를 고려하지 못한다고 생각했다. 이들은 '성소수자에 대한 인식 및 제도 개선'을 현장활동의 큰 주제로 삼기로 했다. 처음엔 설문조사나 심층 인터뷰 정도로 활동 내용을 구성했지만 이것은 사회적 변화를 이끌 현장활동이라고 보기에는 아쉬운 점이 있었다. 고민하던 이들에게 아이디어를 준 것은 브레인스토밍을 위해 찾았던 〈퀴어문화축제〉였다. 그곳에서 '가족', '결혼', '애인'이라는 세 단어를 대상으로 '이성애 중심 언어 바꾸기 캠페인'을 벌이고 있던 국제 앰네스티 대학생 네트워크의 활동을 알게 된 것이다. 이후 한 달 동안 서울 광화문과 시청 등지에서 서명을 받아 국제 엠네스티에 전달했다. 자체적으로는 포털사이트 다음 아고라에서 서명을 받아 그 결과를 국민 신문고에 올렸다.

국립국어원은 이들의 제안을 받아들여 지난해 11월 표준국어대사전에서 '사랑', '연인', '연애', '애인', '애정' 등 총 5개의 사전 정의를 개정했다. '사랑'이라는 단어의 뜻을 '이성의 상대에게 끌려 열렬히 좋아하는 마음'에서 '이성의 상대'라는 부분을 '어떤 상대'로 바꾸고 '어떤 상대의 매력에 끌려 열렬히 그리워하거나 좋아하는 마음'으로 개정했다. '연인'의 뜻풀이도 '서로 열렬히 사랑하는 관계에 있는 남녀'에서 '남녀'의 부분을 '두 사람'으로 바꿨다. 국립국어원은 사랑, 연인 등의 뜻풀이를 이와 같이 개정한 이유를 과거와 달리 성소수자들을 인정하는 사회적 분위기를 반영한 것이라 했다. 국립국어원은 "분기마다 사전편찬위원회를 열어 표준국어대사전을 수정하지만 이번처럼 같은 맥락의 단어를 한 번에 5개나 개정한 것은 극히 이례적인 일"이라며 "이를 계기로 '남녀가 정식으로 부부관계를 맺음'으로 돼 있는 '결혼'의 사전 정의도 개정을 검토하고 있다"고 밝혔다.

국립국어원의 사전 정의 개정 결정에 언론들은 주목했다. 한국일보는 "성소수자들은 단어 하나로도 차별받죠"라는 제목의 기사를 통해 다른 언론보도와는 상대적으로 사회적 차별 문제에 초점을 맞췄다. 경향신문은 "성 소수자 존중 위해 '애인·연애' 정의 바꾼 대학생들"이라는 제목으로 대학생들의 활동에 초점을 맞춰 보도했다. 반면 동아일보는 "연인 뜻풀이, 사랑하는 '남녀'서 '두 사람'으로"라는 제목으로 보도, 제목상으로는 사전 정의의 개정 사실을 있는 그대로 보도했다. 그러나 동아일보의 해당 기사 내용은 성소수자의 입장을 반영한 국립국어원의 사전 정의 개정이 향후에 미칠 영향을 환기시키고 있다. 국립국어원의 이번 결정이 향후 결혼에 대한 법률상 개념의 변화, 즉 동성 간 결합을 결혼으로 인정할지에 대한 논쟁에 어떤 영향을 미칠지 주목한 것이다.

단어의 의미를 표준화한다는 것은 우리가 살고 있는 세계에서 공유하고 있는 삶의 가치와 방식, 그리고 규범과 그에 관련된 생각을 단어에 담아낸다는 뜻이다. 동시에 우리는 표준화된 단어의 의미를 통해 세계와 우리의 삶을 바라보고 이해한다. 그렇기 때문에 언어를 다룬다는 것은 세계를 이해하는 활동임과 동시에 세계를 구성하는 활동이기도 하다. 전통적으로 대학의 교육은 '세계'를 염두에 두고 '언어'를 다루는 훈련을 목표로 했다. 이러한 훈련은 주어진 문제와 답을 외우는 것이 아니라 문제를 스스로 만들기도 하고 답을 찾는 법을 익히기보다는 물음을 배우며, 틀림을 경험하는 것이다. 그 과정에서 스스로 이 세계를 묘사하고 표현하는 보다 풍부한 언어적 능력을 키울 수 있기 때문이다. 교과서(교재)는 영감을 얻기 위한 참고서이지, 답안지가 아니다. 또 문제 역시 그러하지만, 그 문제에 대한 답은 늘 잠정적이고 틀릴 가능성을 염두에 둔다. 게다가 그 답은 책이 아니라, 숙고에 바탕한 타자와의 소통에서 얻는다. 또 무엇보다 중요한 것은 그 문제의 현장에 뛰어 들어가 다양한 사람들과의 만남을 경험하고 그 문제를 해결하고자 하는 공동의 실천을 수행한다는 것이다.

(사례 2) 지역주민들을 어떻게 도울 수 있을까? – 반값 과외 협동조합을 만들자!

2012년 11월, 이건욱(언론정보학과), 금혜린(아동가족학과), 여인호(호스피탈리티 경영학부), 류무걸(경영학부) 등은 후마니타스 칼리지에서 '시민교육'을 수강하고, 과도한 학비로 고통받는 사람들을 돕고자 전국 최초로 '대학생과외협동조합'을 설립했다. 이 학생들은 이번 활동을 통해 '대학생 복지 증진'과 '학부모 사교육비 절감'이라는 목적을 달성하고자 했다. 이들이 경희대학생과 지역 주민을 대상으로 조사한 결과에 따르면 대학생은 교육비로 매달 133만 5천원을, 학부모는 사교육비로 매달 30~40만원을 지출하고 있는 것으로 파악되었다. 또한 높은 교육비로 인해 대학생은 자신의 존재가 부모에게 부담이 되고 있다고 답하였고, 때문에 많은 학생들은 학자금 대출을 고려하고 있었다고 한다. 이처럼 교육비 때문에 대학생과 청소년의 학부모가 극심한 스트레스를 받고 있는 상황에서 이들은 지역을 기반으로 상생할 수 있는 방법을 고민하기 시작했다고 한다.

대학생이 질 좋고 가격이 싼 과외를 학부모에게 제공하면 대학생은 생활에 큰 도움이 되는 용돈을 벌 수 있고 학부모는 사교육비를 좀 더 줄일 수 있다고 여겼다. 더불어 그간 이웃이었지만 전혀 교류가 없던 대학생과 지역사회의 학부모가 교육문제를 기반으로 함께 할 수 있다고 생각했다. 무엇보다 이를 확장시켜 대학생과 지역 주민 서로가 서로를 돕고 사는 이웃 공동체를 만들고자 했다.

이를 위해 이건욱 학생을 비롯한 3명의 학생은 나름의 운영 기준부터 세웠다. 학년·과목 관계없이 초·중·고생의 주 2회 강습 기준, 월 과외비를 시세의 절반인 15만원으로 책정하고, 교육에서 소외될 수 있는 저소득층을 위해 매달 과외비 중 3,000원을 조합원비로 책정하여 저소득층 교육을 위해 전액 사용하기로 했다. 그렇게 탄생된 것이 바로 '대학생과외협동조합'이다.

이를 알리기 위해 학생들은 경희대학교 게시판과 개인 블로그와 SNS를 활용해 과외선생님이 되어줄 대학생을 모집하기 시작했고, 또 다양한 방법으로 수업을 받을 초·중·고등학생들을 모집했다. 지역 동사무소 문화센터에 찾아가 문화강습을 받는 학부모를 설득하기도 했고 청량초, 경희중 등 지역학교를 방문해 학생들과 학부모를 대상으로 홍보를 진행하기도 했다. 하지만 초기 성과는 그다지 좋지 못했다고 한다. 홍보 방법의 미숙함과 검증되지 못한 과외방식 등의 복합적인 문제점으로 인해 어려움을 겪었던 것이다. 하지만 그렇게 활동을 지속했던 이들에게서 얼만 전 기쁜 소식이 전해졌다. 뜻있는 일이 입소문을 타고 점차 세상 밖으로 알려지면서 많은 학생들과 지역주민들이 관심을 갖게 되었다는 것이다. 현재는 60여명이 넘는 지역 대학생들이 회원으로 가입했고 초·중·고등학생들 역시 계속해서 꾸준히 연락이 오고 있다고 한다.

이들은 '대학생과외협동조합'을 통해 함께 더불어 사는 세상을 꿈꾼다고 했다. '사교육시장에 값싼 상품이 등장한 것에 지나지 않는다'라는 일부의 평가에 이들 역시 고민이 많다. 하지만 협동조합이 가지고 있는 인간중심의 메커니즘이 우리사회에 만연한 경쟁적 관계들을 조금이나마 치유시켜 줄 것이라는 믿음을 가지고 있는 듯 보였다. 아직 초기단계에 지나지 않는 이들의 활동이 어떠한 과정으로 이어질지는 아무도 모를 일이다. 다만 이들의 고민이 더 나은 사회를 만들고자하는 아름다운 마음에서 나온 것은 틀림없어 보인다. 그리고 이것이 우리를 변화시키고 사회를 변화시키는 그 첫걸음이 될 것이다.

(사례 3) "기부 마지막 단계까지 관심 가져야"

염지은(한의학 2013) 양 외 4명의 조원들은 민간 비영리단체의 신뢰성 향상에 대해 고민했다. 그 계기는 파키스탄에 학교를 짓는 것을 목표로 학내에서 진행되던 모금활동이었다. '좋은 시민'으로 살아가려는 학생들의 눈에, 이 모금활동은 '정말 이 돈으로 학교가 제대로 지어질까? 학생들은 모금을 진행하는 단체가 어떤 단체인지, 그 단체가 펼쳐온 사업은 무엇인지에 대한 정보를 잘 모르는 채로 기부를 하고 있는데 괜찮은 것일까?'라는 의문을 남겼다.

이 의문은 곧 '민간 비영리 단체의 신뢰성 향상 방안'이라는 주제로 정리돼 지난 한 학기의 활동 목표가 됐다. 조원들은 모금활동의 위법성에 대한 자료를 조사하고, 기부자와 모금단체, 정부기관 관련자를 인터뷰했으며 'NPO 신뢰성지수'를 직접 만들어 비영리기관에 대한 정보를 제공하는 '한국 가이드스타'에 제안하는 활동을 진행했다.

염 양은 "기부자는 기부의 마지막 단계까지 관심을 가져야 한다"고 강조했다. 그렇지 않으면 선한 의도로 기부한 돈이 엉뚱하게 쓰일 수도 있기 때문이다.

이러한 문제를 막기 위해 조원들은 누구나 쉽게 알아볼 수 있는 'NPO 신뢰성지수'를 만들어 한국 가이드스타 측에 보냈다. 조원들이 직접 초안을 만든 후 신뢰성기구의 유한범 교수에게 검토를 의뢰해 이를 보완했다.

'NPO 신뢰성지수'는 말 그대로 NPO의 신뢰성을 직관적으로 파악할 수 있도록 하는 지표다. 가이드스타의 공개 기준 회계자료가 제대로 공개돼 있는지를 따지는 양적 평가와 사업목적이 공익적인지, 구체적 활동을 하고 있는지 등을 묻는 질적 평가를 수치화해 기부자가 쉽게 알아볼 수 있도록 돕는 것을 목적으로 했다.
이들이 만들어낸 결과물은 가이드스타 측으로부터 유의미한 평가를 받았다. 해당 내용은 가이드스타의 연구&리서치란과 소식지에 게재되기도 했다.
'NPO 신뢰성지수' 활용으로 우리 사회에 어떤 변화를 기대할 수 있을까. 염 양은 "무엇보다 기부자의 입장에서 단체의 신뢰성을 어려운 회계지식 없이도 쉽게 판단할 수 있을 것이라 생각한다"며, "정부도 강제적인 감사와 같은 부정적인 방식이 아닌 긍정적인 방식으로 NPO의 신뢰성을 도모할 수 있을 것이다"라고 말했다.
다만 아직 우리나라에는 가이드스타라는 단체가 많이 홍보되지 못했고, 가이드스타 홈페이지에 회계정보를 등재한 NPO도 매우 소수인 상황이기 때문에 이 지수가 효용성을 갖기까지는 많은 시간과 노력이 필요할 것이라고 한다.
염 양은 NPO의 신뢰성 확보에 대한 관심을 그치지 않고 앞으로 한국가이드스타에서 기자단으로 홍보 활동을 이어갈 예정이다. "NPO의 신뢰성 확보를 위해서는 법이나 제도 등 강제적 방법이 중요하다고 생각했었는데 시민교육 활동을 통해서 투명한 정보공개 만으로도 기부자와 정부, NPO 등 당사자들이 모두 만족할 만한 결과를 거둘 수 있고, 그에 따라 기부 규모도 확대될 수 있다는 것을 알게 됐다. 변화를 이끄는 것은 긍정의 힘이었다." 어떤 가시적인 결과물보다도 소중한 깨달음이다.

(사례 4) 제육볶음을 영어로 하면 The 6th?… 한식사전 만들어 바로잡은 대학생들

대학생 정채린(20)씨는 교환학생으로 한국에 온 외국인 친구와 지난해 8월 서울 명동의 한 한식당을 찾았다가 메뉴판을 보고 깜짝 놀랐다. 음식명의 영어 표기가 엉터리였기 때문. 돼지고기를 뜻하는 제육은 '제6'으로, 수정과는 바로잡아 고친다는 뜻의 '수정(修正)'으로 번역돼 있었다. 이처럼 황당한 번역이 메뉴판에 버젓이 실린 것은 구글 번역 결과를 여과 없이 옮겨다 놓았기 때문이다. 정씨는 "관광 명소라는 명동의 식당이 이 정도면 다른 곳들도 크게 다르지 않을 것 같다"며 "외국인 혼자 식당에 오면 어떤 음식인지도 모르고 주문하게 될 것"이라고 말했다.
이 같은 오번역이 아니더라도 한국 음식명의 영어표기는 어떤 음식인지 짐작조차 어려운 암호문과 같다는 오명을 안고 있다. 코스모진 관광 R&D 연구소가 지난해 9월 한국을 방문한 외국인 258명을 대상으로 실시한 설문조사에서도 44명의 응답자가 음식에 대한 외국어 설명이 부족한 점을 불만으로 꼽았다. '공연 안내정보 부족', '평범한 한류 관광지'에 이어 세 번째로 불만이 많았다. 학생들의 자율적 연구로 진행되는 시민교육 수업을 듣던 경희대 후마니타스 칼리지(교양학부) 정채린 최동혁(20) 김나연(20) 이세강(20) 문수빈(20) 학생이

외국인을 위한 온라인 한식사전을 만들자는 아이디어를 낸 것은 이런 배경에서였다.

이들은 우선 지난해 9월부터 외국인 관광객이 많이 찾는 명동 동대문 이태원 등의 한식당을 방문해 인기 있는 메뉴 91가지를 선정했다. 그 다음에는 음식들을 밥 국 찌개 후식 등 일곱 가지로 분류하고, 음식 명칭을 발음과 의미대로 각각 로마자와 영어로 표기했다. 외국인이 쉽게 이해할 수 있도록 간략한 설명도 넣었다. 3개월에 걸친 작업 끝에 지난해 11월 30일 내놓은 결실이 한식사전이 담긴 블로그(http://blog.naver.com/skybridge14)다.

영어의 조리 표현 중에는 우리말에 없는 단어가 많아 조리학과 교수에게 자문도 구했다. 물 없이 익히는 그릴(grill), 물을 써서 익히는 브로일(broil), 볶는 프라이(fry)의 차이도 알게 됐다. 사전을 만든 최동혁씨는 "영어사전만 열심히 찾으면 될 줄 알았는데, 기본적으로 조리에 대한 이해가 필요했다"고 말했다.

현재 한국관광공사가 좀 더 방대한 규모의 온라인 음식명칭 사전을 운용하고 있지만, 음식 명칭을 영어로 단순 번역하는 데 그쳐 한국 음식을 외국인에게 제대로 알리기는 역부족이다. 예를 들어, 관광공사 사전에 나온 구절판은 '아홉 가지 별미가 담긴 접시(Platter of Nine Delicacies)'로만 소개돼 있다. 대학생들이 만든 사전에는 '여덟 개의 칸에 담긴 볶은 채소와 달걀, 고기 등을 밀전병에 싸먹는 음식' 같이 보다 자세한 설명이 적혀 있다.

실제 외국인의 반응도 좋다. 캐나다에서 온 메건 맥도날드(21, 여)씨는 "한식사전 블로그에는 음식이 밥 면 국 등 비슷한 범주 별로 분류돼 있어 찾기 편리하다"며 "외국인을 위해 매운 음식에 표시를 해둔 것도 유용하다"고 말했다. 학생들은 조만간 경복궁 같이 외국인이 자주 찾는 곳을 찾아 반응을 살펴본 뒤 음식사전을 계속 보완해 나갈 생각이다. 김나연씨는 "음식 가짓수를 늘리고, 인기 있는 메뉴를 표시하는 등 내용을 보충한 뒤 외국인들에게 온라인 사전을 적극 홍보해 나갈 것"이라고 말했다.

한형직 기자(《한국일보》 2015-01-28)

(사례 5) 300대 대기업 이력서 보니… 입사지원자에 주량·흡연여부·교회 이름까지 물어

국내 300대 기업(매출액 기준)의 입사지원서에 여전히 지원자의 직무능력과 관계없는 과도한 개인정보를 요구하는 항목들이 많다는 조사 결과가 나왔다. 국가인권위원회는 지난 2003년 '입사지원서 차별항목 개선안'을 발표, 국내 기업들에 체중·색맹·신장 등 신체사항, 가족 성명·연령·직위·월수입 등 가족관계, 출신학교·종교·출신지역·혼인 여부 등 신상 관련 등 총 36개 사항을 지원서 항목에서 제외하라는 내용으로 개선안을 권고한 바 있다. 인권위의 권고안은 12년이 지난 지금까지도 전혀 개선되지 않고 있는 셈이다.

2014년 2학기 경희대 후마니타스칼리지 수업 '시민교육'을 수강한 김채영(관광학부, 20)씨 등 학생 4명이 작성한 '기업 이력서의 불필요한 개인정보 요구 관행 해결을 위한 활동' 보고서에 따르면, 작년 하반기 국내 철강·레저·전자·IT·식품 등 다양한 분야의 기업들이 차별적 요소를 담고 있는 개인정보를 입사지원서에서 요구한 것으로 나타났다. 해당 항목은

주량·흡연 여부·출석 교회 이름·옷 사이즈·몸무게·부모 학력·재산 정도 등이다.
이들은 취업포털 사이트 잡코리아를 통해 매출액 기준 국내 300대 대기업의 이력서 양식을 수집·분석했다. 보고서에 따르면 많은 기업이 부모·형제의 학력과 출신 학교, 주거 형태, 재산 정도(차량 소유 여부 등)를 물었고, 키·몸무게·시력, 신체치수(옷·신발 크기)를 물었다. 몇몇 기업들은 주량과 흡연 여부를 묻기도 했고, 본인이 출석하는 교회 이름, 블로그와 SNS 주소, 가훈, 이전 직장의 정규·비정규직 여부 등을 요구하기도 했다. 노골적으로 인맥을 묻는 기업들도 있었는데, 인맥 명단·지인 명단·추천인을 써넣으라는 경우였다. 한 금융회사는 처음부터 개인 신용정보 공개 동의서를 요구하기도 했다.
인권위가 제외를 권고한 항목 중 학교·학력을 요구한 기업이 가장 많았는데 전체 조사 대상 기업 307곳 중 출신 대학과 학점을 묻는 기업이 256곳, 출신 고교를 묻는 기업이 243곳이었다. 이어 '가족의 직업'(233곳), '가족의 학력'(199곳) 순이었다. '신장'과 '체중'을 묻는 곳도 각각 166곳에 달했다.
외국계 기업의 입사지원서는 우리나라의 입사지원서와는 많이 달랐다. 외국계 기업의 경우 지원자를 식별할 수 있는 개인정보인 이름·이메일 주소·전화번호와 직장명을 제외한 경력정보, 자격정보만을 요구하는 기업이 대다수였다. 외국계 기업은 외국에 본사를 두고 우리나라에은 지사를 두고 한국인을 고용하는 회사를 조사 대상으로 했다.
해당 조사 내용을 토대로 391명의 대학생·취업준비생에게 '부당하다고 생각하는 이력서 항목'을 물었더니 응답자의 81%가 '재산'을 꼽았다. '결혼기념일'(78%), '승용차 소유 여부'(77%), '가족 관련 항목'(74%), '주량'(72%) 순이었다. 이력서에 '사진'을 요구하는 것도 26%의 응답자가 부당하다고 답했고, 이중 72%가 여성 응답자였다.
학생들은 해당 기업들에 "왜 이렇게 많은 정보를 수집하느냐"는 질문을 던졌지만, 회신이 온 기업은 농심 한 군데뿐이었다. 농심 측은 "이력서는 채용과정에서 회사가 다수의 지원자들에 대해 필요로 하는 직무역량을 파악하는 매개체"라며 "서류심사 과정에서 일부 정보는 관행적으로 받던 것으로, 당사에서는 앞으로 신체정보(키·몸무게 등)는 받지 않기로 했고 가족사항에 대해선 선택적으로 기재할 수 있도록 양식개선을 진행 중"이라고 밝혔다.
김채영 학생은 "조사를 하면서 대부분 기업에서 직무능력과 전혀 상관없는 정보를 지원자들에게 요구하는 게 이해가 가지 않았다"며 "이 같은 관행이 빨리 없어지길 바란다"고 말했다.

이옥진 기자(《조선일보》 2015-03-09)

경희대 후마니타스칼리지에서 대학생 시민활동 강화를 위해 향후 과제로 제기되고 있는 사항들은 다음과 같다.

첫째, 그간의 현장활동 결과물들에 대한 체계적인 연구가 필요하다.

둘째, 모둠들의 정보공유(독립된 홈페이지 구성), 기본적인 정보나 절차를 안내할 전담기구(학생참여활동 지원팀), 여러 현장의 특성에 따른 지침서 제공(가이드북) 등이 필요하다.

셋째, 주목할 만한 현장활동을 지속적으로 지원하거나 심화시킬 수 있는 연속 활동과 강좌를 마련하는 것이 숙고되어야 한다.

4. 대학과 사회의 연계성 확보

경희대 후마니타스칼리지의 시민교육 교과의 네 번째 성과는 대학과 사회의 연계성을 확보해가고 있다는 것이다. 현재 경희대 후마니타스 칼리지가 시민사회는 물론 지자체 등과 함께 협력하는 프로그램은 초 중등과정 시민교육 법제화, 시민교육 네트워크 활동: 시민교육 포럼, 세계시민교육 네트워크 활동: UNESCO 산하 기구 국제이해교육원, 서울교육청 및 경기교육청 협력사업, 중등학교 인문학교육, 에너지 협동조합추진 등 20여 가지가 넘는다.

2015년 초에는 후마니타스칼리지 교양교육연구소 산하에 실천교육센터를 설립하고 여러 사업들을 연구사업(실천교육연구단), 교육사업(실천인문학단), 학생참여사업(학생참여활동지원단)으로 분류하고 연구와 실천을 전문화함은 물론 유기적으로 연계시키고자 시도 하고 있다. 이런 중에 대학과 사회의 연계성 강화와 관련해 최근 제기되고 있는 과제들은 다음과 같다.

첫째, 교양교육을 전담하는 데에 전문적인 교수가 필요한 만큼 사회공헌과 참여를 위해서도 전문적인 연구를 수행할 담당자를 확보해야 한다.

둘째, 평생교육기관이나 여성교육단체, 인권단체나 환경단체 등 여러 사회단체들과 연대하여 연구를 수행하고, 사회공헌을 위한 학생들의 참여기회를 늘려가야 한다. 그런 가운데 대안적 삶과 직업에 대한 관심도 제고될 것이다.

셋째, 대학 전체 차원에서 사회공헌 사업을 총괄하고 대학 차원의 정책방향을 수립할 수 있어야 한다. GSC, 미래문명원, 밝은 사회연구소 등 횡적으로 흩어져 있는 주체들이 연대할 수 있는 장이나 협력체계의 마련을 고민해 봐야 할 때이다.

부록: 국내외 시민교육 프로그램 사례[1]

김윤철

부록 1. 경희대 후마니타스칼리지 시민교육[2]

〈개요〉

- 더 나은 사회를 만드는 기획에 개입하고 참여하는 것이 대학의 책임과 권리라는 인식에 기초해 있다.

---

1 여기에서 제시한 국내외 시민교육 사례는 민주화운동기념사업회 한국 민주주의 연구소의 시민교육연구보고서 『공동체와 민주주의 발전을 위한 시민교육』(2016-1)에서 소개된 것에 서울 시민대학 프로그램을 추가한 것이다. 이에 추가하여 프랑스, 영국, 미국, 독일, 일본 등 해외 각국의 시민교육 현황과 프로그램에 대해서는 이동수 편, 『시민교육과 대학』(고양: 인간사랑, 2013)을 참고하면 도움이 될 것이다.

2 이에 대해서는 이 책의 3장, 4장, 5장에서 상세히 소개하고 있다.

- 더 나은 세계에 대한 모색이 대학 강의실은 물론 캠퍼스 밖 세상 속에서 함께 이뤄져야 한다는 문제의식에서 출발했다.
- 성숙한 시민으로 거듭나는 현실 참여의 '실천교과'로서 국내 대학 최초의 현장 활동 프로그램 운영을 통해 학생 스스로 사회문제를 설정하고 해결책을 모색한다.
- 신입생 전원이 이수하는 기초 필수 교과로 운영하고 있다.

〈주요 프로그램〉

- 입학생·재학생 전원[3]이 기초필수로 이수해야 하는 경희대학교 후마니타스칼리지의 시민교육은 기본적으로 이론학습과 현장 활동으로 구성되어 있다.
- 이론 학습은 교재 〈제2의 탄생〉을 통해 '시민=주권자'라는 관점에 기초해 시민의 역사, 시민의 현대적 의미 등 이론을 공부한 다음 강의실 밖의 사회문제 현장으로 나아가 활동 수행한다.

3 기본적으로 입학 후 1학년 때 수강하는 것을 권고하고 있으나, 재학생도 수강이 가능하다.

- 교재 〈제2의 탄생〉 목차(2016년 도판)[4]

제1장 시민과 시민권의 역사

1. 역사적 존재로서의 시민
2. 생명권과 재산권 논쟁
3. 시민권과 사회계급

제2장 시민권의 현재적 쟁점

1. 개인주의와 시민권
2. 시민의 권리와 책임
3. 세계화 시대에서 타자의 권리

제3장 시민의 존재와 시민권 실현의 기반: 정치 영역

1. 왜 민주주의인가
2. 절반의 인민주권
3. 민주화 이후의 민주주의

제4장 시민의 존재와 시민권 실현의 기반: 경제 영역

1. 자유로서의 발전
2. 정부와 경제
3. 신자유주의 혁명의 기원
4. 불평등과 민주주의의 위기

제5장 시민적 실천

1. 지속가능한 세계로 가는 길
2. 더 나은 세상, 시민의 삶

---

4 경희대학교 후마니타스칼리지 시민교육 교재는 기본적으로 선집(anthology)의 형태를 띠고 있으며, 총 네 차례의 개정을 거쳤다. 교재에 실린 텍스트들은 가급적 고전의 반열에 올라 있는 것들이다. 가령 개정 4판인 2016년도 판의 경우, 생명권과 재산권 논쟁과 관련해서는 미셸린 이샤이의 글을, 시민권과 사회계급 관련해서는 토마스 H. 마샬의 글을, 개인주의와 시민권과 관련해서는 브라이언 S. 터너의 글을, 민주주의와 관련해서는 로버트 A. 달의 글을, 세계화 시대의 경제 불평등과 민주주의의 위기와 관련해서는 조세프 E. 스티글리츠의 글을 싣고 있다.

경희대 후마니타스칼리지 시민교육 교재 〈제2의 탄생〉은 시민교육의 개념과 목적을 아래와 같이 정의하고 있다.

시민교육은 한 개인이 시민, 즉 주권자로서 마땅히 갖추어야 할 지적·실천적 역량을 함양하는 가장 기초적인 교육과정이다. 시민으로서 주권을 행사하는데 필요한 지식과 기술을 익히고, 이를 바탕으로 사회적 이상을 직접 실천하는 교육이다.

시민교육은 개인적 삶의 기초로서 사회적 삶을 구성할 수 있는 역량을 육성하고자 한다. 여기에는 '사회 속의 개인'을 인식할 수 있는 지식, 타인과 협력할 수 있는 기술, 공동체의 문제에 능동적으로 대처할 수 있는 실천적 역량이 모두 필요하다. 바로 시민교육이 이론과 실천의 결합, 학습과 현장활동의 융합을 지향하는 이유다.

- 현장 활동은 학생들 3~5명이 팀을 이뤄 사회적 이슈를 탐색하며, 서울캠퍼스와 국제 캠퍼스에서 매 학기 2,500여 명의 학생이 500개 안팎의 팀을 구성해 사회문제의 해결책을 모색한다.
- 사회적으로 주목받은 현장 활동 사례[5]

5 경희대 후마니타스칼리지 시민교육 교과에서는 매년 대학생 시민 실천활동 사례를 매년 『시민교육 백서: 현장활동 요약문 및 우수 사례 모음집』로 묶어 발간하고 있다. 한편 시민교육에 관한 이론·실천적 논의와 사례, 교육 프로그램에 관한 다양한 의견들을 나누기 위해 후마니타스 시민교육 저널 『시민교육: 제2의 탄생』을 비정기적으로 발간하고 있기도 하다.

(사례1) 성소수자에 대한 인식과 제도적 개선: 언어를 중심으로

* 참고 기사 : 성 소수자 존중 위해 '애인·연애' 정의 바꾼 대학생들 (《경향신문》 2012. 12. 6)
http://news.khan.co.kr/kh_news/khan_art_view.html?artid=201212052223355&code=940100

(사례2) 과대포장금지법 개선을 통한 소비자의 권리, 정직한 기업 되찾기

* 참고 기사: 과자 과대포장 고발한 대학생들 … 시민교육의 힘 (《중앙일보》 2014. 12. 31)
http://news.joins.com/article/16823264

부록 2. 국내 타기관 사례

■ 청소년 사회참여 발표대회

〈개요〉

- 〈청소년사회참여발표대회〉는 미국의 시민교육 기관인 '시민교육센터(Center for Civic Education)'의 〈프로젝트 시티즌〉 프로그램을 바탕으로 민주화운동기념사업회에서 운영 중인 청소년 시민교육 프로그램이다.
- 청소년을 대상으로 민주주의 제도 및 운영 방법, 민주적 참여 등을 이해하고 실천할 수 있는 시민성 개발을 목표로, 정부의 의무와 시민의 권리에 대해 정확히 이해하고 지역사회에서 발생하는 갈등 문제를 어떤 절차를 통해 해결해 가는지 배우는 실천형 교육 프로그램이다.

〈프로그램 진행〉

- 청소년 모둠 구성을 통한 그룹형 프로젝트 수행 방식으로 진행되는데, 4~8명의 청소년 모둠이 지역사회의 문제를 발견하고 관련 정책 및 자료조사, 전문가 및 이해관계자 면담 등 활동을

거친 뒤 문제 해결을 위한 해결 방안으로 공공정책을 제안하는 순서로 진행된다. 동시에 직접 제안한 공공정책이 현실에서 실현될 수 있도록 다양한 실천 활동에 참여하는 것을 권장하고 있다.

- 매년 4~5월 공고를 통해 프로젝트 시티즌에 기반을 둔 청소년 사회참여 활동을 진행한 청소년 모둠의 활동 보고서를 접수(5~9월) 받아 심사 후 우수 사례를 선정하여 본선대회(11월)를 열고 활동 내용을 발표하는 행사를 개최한다.

* http://youth.kdemo.or.kr 참조

■ 모떠꿈(더체인지)

〈개요〉

- 〈모이고 떠들고 꿈꾸는 새로운 방법들〉(이하 모·떠·꿈)은 민주화운동기념사업회가 더체인지(대표 조양호)와 공동으로 2011년 주민아카데미 사업의 일환으로 기획하여 운영한 교육 프로그램으로 시작했다.
- 더체인지는 2010년 설립된 비영리단체로 '세상을 바꾸는 새로운 방법들'을 통해 조사·연구하여 우리 사회의 대안을 마련하는 활동을 진행해 왔다. 대표적인 운영 플랫폼 〈씽크까페〉는 평범한 사람들의 생각 속에서 해법을 찾아가기 위한 대화의 공간이

며 질문, 대화, 기록, 공유, 협력의 과정을 통해 사회 변화와 미래 비전을 만들어내는 활동을 해왔다.

- 〈모·떠·꿈〉은 풀뿌리단체 활동가를 대상으로 진행되었으며 변화하는 시대, 세대, 문화에 맞게 모이고 대화하고 협력할 수 있는 새로운 방법을 습득하여 상호 이해, 소통, 협동, 실천 역량을 기르고 활용하여 조직 내 퍼실리테이터로서 역량을 높이는 것을 목적으로 한다.

〈주요 프로그램〉

- 프로그램의 주요 내용은 특강(모이고 떠들고 꿈꾸는 새로운 방법이 필요한 이유, 생각을 표현하고 결과를 정리하는 방법: 마인드맵, 렛츠 컨퍼런스 운영 사례), 사례 공유(리빙 라이브러리), 참여 교육 및 실행 워크샵(소셜 네트워크 게임, 집단 지성형 대화와 의사결정방법: 월드카페, 타운홀 미팅 등, 사회현상과 삶에 대한 해법을 구하는 대화, 5분의 슬라이드 발표로 아이디어 공유하기: 이그나이트와 패차쿠차), 전체 대화 및 토론(모이고 떠들고 꿈꾸는 새로운 방법) 등으로 구성됨.
- 이후 진행된 프로그램도 큰 변화가 없었으나 특별 주제를 선정하여 운영(3회: 새로운 교육, 배움, 학습공동체 / 대안적 커뮤니티, 카페 공간 / 협동조합법)하거나 새로운 소통 기법 내용(소셜픽션, 변화게임 등)이 추가.
- 2015년 11월에 진행된 모·떠·꿈 시즌2 프로그램은 지금 시대를

살고 있는 공익활동가들에게 필요한 내용이 무엇인지를 키워드로 선정하였고 그 결과로 자기이해와 공감(조직 내 다양한 사람들 속에서 일하는 나를 좀 더 잘 이해하고 수용함으로써 동료와의 관계를 변화시키고 그 속에서 좀 더 즐겁고 행복하게 일하는 방법을 찾아보는 워크숍), 대화와 소통(모두가 참여하는 대화와 회의문화를 만들고 조직 내의 소통을 촉진시키기 위해서는 어떤 방법이 필요한지 등에 대해 이야기 나누는 워크숍), 참여와 협력(지역사회(마을)에서 주민들을 상황을 이해하고, 주민들과의 만남과 대화, 소통을 통해 주민들의 참여와 협력을 이끌어내는 방법과 주민들과 일하는데 있어 필요한 원칙 등을 배우고, 지역 사회에서 일하면서 생길 수밖에 없는 고민들을 함께 나누고 해법을 찾아보는 워크숍.)에 대한 내용으로 진행하였음. 이전 모·떠·꿈에서는 참여와 소통의 방법을 널리 알리고 확산시키는 것에 주안점을 두었다면 시즌2에서는 그 방법보다 앞서 필요한 내용에 대한 이해를 높이는 것을 목적으로 운영.

■ 서울 시민대학

〈개요〉

- 서울시청이 '평생교육 참여 기회의 확대'를 기치로 2013년부터 개방대학 방식으로 운영하는 시민교육 프로그램이다. 학력, 성

별, 연령 제한 없이 서울 시민 누구나가 시민대학 강좌를 들을 수 있다.

- 서울시에 소재하는 시민청과 권역별 시민대학으로 나누어져 운영하고 있는 바, 기본적으로 인문 사회적 교양교육 강좌 운영에 초점을 맞추고 있다.
- 서울 지역 주요 대학과의 연계, 협력을 통하여 운영하고 있으며, 이를 통해 교육 역량과 내용을 마련하고 있다.
- 2013년도 기준, 3기 과정으로 연간 56개 강좌가 운영되고 있으며, 연인원 8,300명이 수강하고 있다.
- 2014년 이후에는 은평학습관을 개관해 심화과정을 개설, 평생학습리더 양성 및 전문강사역량강화, 학습공동체의 학습공간 지원 등 평생학습 인큐베이터로 활용하고 있다.
- 2015년 이후에는 평생교육기관 네트워크 및 유기적 협력체계를 구축, 사회변화에 대응할 수 있는 교육모형 개발을 모색하고 있다.

〈주요 프로그램〉

- 「인문학적 성찰」, 「시민 민주주의」, 「삶의 터전」, 「예술적 감수성」 등 4개 분야로 주제 영역을 나누어 강좌를 진행한다.
- 「인문학적 성찰」은 가치 있는 삶의 의미를 성찰하고 세상살이의 가치를 세워보는 기회를 갖는 것에, 「시민 민주주의」는 시민 역

량의 증진을 통해 시민답게 살아가는 길의 모색에, 「삶의 터전」은 서울의 역사적, 문화적 특징을 이해하고 새로운 면모를 발견해가며 미래를 함께 그려보는 강좌와 서울시민 대학만의 특화된 부모교육을 통해 부모 자신을 살피고, 부모로서 삶을 사는 방법의 발견에, 「예술적 감수성」은 '내 안에 잠든 창의력 깨우기'에 초점을 맞추어 운영하고 있다.

〈효과〉

- 시민교육을 평생교육과정과 접목함으로써, 개인적 삶과 공동체적 삶을 종합적으로 살필 수 있는 계기를 제공하고 있다. 시민교육이 '삶의 지평' 속에서 '생애 주기'를 고려해 실행될 필요가 있음을 확인시켜주고 있다.
- 성별과 학력과 연령을 제한하지 않음으로써, 계층과 세대를 넘어선 통합적 소통의 장이 만들어지는 효과가 나고 있다.
- 서울이라고 하는 내 삶의 터전에 대한 관심이 높아짐으로써, 공동체를 위협하는 문제의 발굴과 해결에 보다 적극적으로 참여할 수 있는 계기를 제공하고 있다.

* http://sll.seoul.go.kr/main/MainView.dunet 참조

■ 웁살라(Uppsala) 대학의 지속가능발전을 위한 교육[6]

〈개요〉

- 1992년 아젠다21을 바탕으로 교육과정과 실라부스에 지속가능한 발전을 명시
- 개인의 행동에 대한 공동체로서의 책임감을 강조한다.
- 행동으로 이어지는 지식을 강조하면서, 지식의 양이 아닌 이해관계자의 '합의'와 '협의'의 과정을 통한 해결방안 모색에 초점을 맞춘다.

6 웁살라대학의 지속가능한 발전 교육 프로그램과 아래의 스웨덴 스터디서클 프로그램에 대한 소개는 경희대 후마니타스칼리지, 민주화운동기념사업회, 사단법인 〈시민〉이 공동주관하는 '시민교육포럼'에서 발표된 정영은의 자료 "사랑의 힘을 믿는 시민교육: 스웨덴의 지속가능한 발전을 위한 교육을 중심으로"에 근거하였다.

〈주요 프로그램〉

- 사안을 중심으로 한 두 과목 이상의 협동 교육 과정(Case Method)을 설치하고, 생물학, 경제학, 정치학, 윤리학, 교육학, 도시디자인학의 협동 교육(Interdisciplinary Method)을 실시한다.
- 모자 역할 토의를 실시하는 바, 다음과 같은 사항에 초점을 맞추고 있다.

사안에서 느껴지는 감정에 집중
사안에서 이익을 얻는 집단과 장점에 집중
사안에 대한 사실과 객관적 시각에 집중
사안을 방해하는 장애요소에 집중
결론에 이르게 하는 과정과 근거에 집중
새로운 관점과 창의적 시각에 집중

〈효과〉

- 교육 모토의 변화를 가져왔다는 평가를 받는다.

무엇을 하라고 학생들에게 말하지 않는다. 대신에 그들이 시야를 넓힐 수 있도록 도와 많은 선택의 기로에서 스스로 할 수 있는 것이 무엇인지 결정하게 한다. 또한 그것이 얼마나 큰일인지 알려준다.

- 개인의 자율적 선택과 행동, 개인의 책임과 의무, 학자로서의 존중, 평등한 관계에서의 확장된 수업을 실천하고 있다.

■ 스웨덴 스터디서클 프로그램

〈개요〉

- 지배계층과 문화에 반하는 사회운동에서 시작되어, 현재 정부의 펀딩을 받는 10개의 스터디 기관을 통해 활동이 이루어지고 있다.
- 자발적 참여, 평균 5~10명의 구성, 일주일에 3시간 이상의 모임, 그룹 리더의 선정 및 지원 기준으로 설정하고 있다.
- 학생의 힘을 빌는 교육자, 사회문제를 해결하는 합의와 토론, 다양한 사회분야에의 참여를 강조한다.

〈주요 프로그램〉

- 다양한 주제의 스터디서클이 활동하고 있다는 것이 특징인 바, '페르시안 언어', '밴드그룹', '다양한 패턴의 뜨개질', '성경해석', '모노로그 연기', '아가수영', '미래로 가는 길', '유럽의회', '치매환자와 함께하는 사람들' 등이 있다.

- 스터디서클을 주관하는 주요 기관과 창립배경 및 특징을 살펴보면 아래와 같다. 각 기관은 자신의 설립취지에 부합하는 스터디서클의 구성과 활동을 지원하고 있다.

스터디서클 기관	창립년도	창립배경 및 특징
ABF	1912	노동운동
Bilda	1947	기독교 운동
Folkuniversitet	1917	대중에 대한 대학수준교육제공
Medborgarskolan	1940	교육의 사회적 역할
NBV	1971	절제운동, 공중보건
SENSUS	2004	기독교 기반
Studiefrämjandet	1959	자연, 동물, 환경, 문화
SV	1967	사회평등
IBN Rushd	2008	무슬림 교육
Kulturens	2010	문화양성

〈효과〉

- 오랜 역사를 갖는 스웨덴의 스터디서클 프로그램은 평등과 자발적 참여, 다양성, 의사결정의 민주성을 생활 속에서 체득하는 효과를 내온 것으로 평가받고 있다.
- 특히 '맨파워의 파워'(개개인의 역량)를 함양하는 효과를 내는데 기여했다는 평가를 받고 있다.
- 스웨덴 민주주의를 '스터디서클 민주주의'라고 규정할 정도로

긍정적인 평가를 받고 있다.

■ 미국 시카고의 믹바(Mikva) 프로그램

〈개요〉

- 믹바 프로그램은 청년을 지적이고, 능력을 갖춘 능동적 시민이자 공동체의 지도자로 육성하고자 하는 교육프로그램이다. 이는 1997년에 전(前) 백악관 자문위원이자 하원의원인 애브너 믹바(Abner Mikva)와 교육활동가 조이 믹바(Zoe Mikva)가 주도하여 시카고 지역에서 창설되었다. 현재 110개 학교의 6천 명 이상의 학생과 130명의 교사가 참여하는 '실천 시민학'(action civics)으로 운영되고 있다.
- 이 프로그램은 실생활에서 직접 민주주의를 실천하는 교육전략으로서 '청년의 선거 참여', '청년의 정책 형성', '청년의 공동체 문제 해결' 등 크게 세 가지 영역으로 구성되어 있다.

〈주요 프로그램〉

- 선거활동(Election in Action): 학생이 직접 정치에 참여하는 선거운동 프로그램으로, 유권자들이 투표자에 등록하도록 지원하

고, 특정 정치인의 선거활동 과정에 자원봉사로 참여하는 것은 물론, 공정한 선거를 위한 감시활동도 전개한다.

- 실천하는 민주주의(Democracy in Action): 교사와의 파트너십을 통해 학교가 속한 지역의 주요 문제들을 찾고 해결방안을 모색하는 것으로 매년 2천여 명의 학생이 공동체의 문제 해결 과정에 참여하고 있다. 매년 실천 시민학 축제를 개최하는데, 2014년에는 96개의 활동 프로젝트가 전시된 바 있다.
- 믹바 청년 평의회: 이는 청소년 보건 평의회, 시카고 공립학교 학생 자문평의회, 시 청년위원회, 방과 후 문제 평의회, 평화와 리더십 평의회 등으로 구성되어 있다. 주로 청소년의 육체적, 정신적 건강 증진, 저소득층 학생 교통 문제, 학교 안팎의 폭력문제, 방과 후 학습의 실효성 문제 등을 해결하기 위한 정책을 개발하고 실천한다.

〈효과〉

- 먼저 청년의 정치과정 참여도를 높였다. 이 프로그램에 참여했던 학생(졸업자)의 90%가 투표인 명부에 등록했는데, 이는 전국 18-29세 등록률 60%에 비해 월등히 높은 수준이다. 또 학생의 72%가 졸업 후에도 공동체에서 자원봉사자로 활동할 만큼 참여적 시민을 육성하는 데 크게 기여했다. 이와 대조적으로 자원봉사자로 활동하는 청년의 비율은 전국적으로 36%에 불과

하다.

* http://www.mikvachallenge.org 참조

■ 스웨덴 성인교육협회[SV] 프로그램[7]

〈개요〉

- 성인교육협회(SV, Studleförbundet Vunxenskolan)는 다양한 주제로 연간 50,000여개 강좌와 워크숍을 진행하고 있으며 30,000개의 문화 이벤트를 조직한다.
- 성인교육협회 역시조직과 단체에 속해 '평생 학습'을 하는 것은 민주적 절차를 자신의 삶 속에서 실현하고 지지할 수 있게 만든다는 것을 핵심 아이디어로 세시하고 있다.
- 스스로 조직, 단체, 조직을 만들기 원하는 이들에게 조직을 만들고 회원을 모집하는 방법과 기술에 대해 도움을 주는 과정이 있다는 점이 중요한 특징이다.
- 동아리활동과 단체활동이 적극적으로 권유되는 스웨덴 사회의 특성상 리더십 과정은 스웨덴의 성인교육과정에서 중요한 부분을 차지한다.

---

7 이 프로그램에 대한 소개는 장선화, 「스웨덴의 시민정치교육과 정당의 역할」, 『유럽연구』 제32권 1호(2014)에 근거하였다.

- 성인교육 강좌 주제 영역은 경제, 행태, 동물·자연, 사냥, 아트&수공예, 역사, 인문, 건강, IT&데이터, 커뮤니케이션·정보, 요리, 미디어·사진·영화·그래픽디자인, 환경, 음악·댄스·연극, 해양활동, 교육, 사회, 계보, 언어, 기술, 원예·집 꾸미기 등으로 문화 예술 강좌가 큰 비중을 차지하고 있다.

〈주요 프로그램〉

- 성인교육협회가 제공하는 다양한 프로그램 가운데 '조직과 단체(förening)' 관련 프로그램을 중심으로 살펴보면 성인교육협회에 가맹되어 있는 다양한 경제, 영리, 비영리 단체 및 정당, 정치인, 일반 시민들에게 제공하는 정치 훈련 과정이 주목할 만하다.
- 정치 훈련과정은 커뮤니케이션/리더십/조직발전/정당 등으로 크게 나누어진다. 특히 정당 정치훈련과 관련해서 성인교육협회는 선거관련 정치훈련 교육 경험을 바탕으로 다양한 매뉴얼을 제공하고 있다.

〈정치훈련과정 매뉴얼 항목과 내용〉

○ 선거기획하기: 성공적 선거 캠페인을 위한 기획

- 정치인들이 선거캠페인 과정에서 유권자들의 신뢰를 지속적으로 획득하는 기술. 점차 유동적이 되어가는 유권자의 표를 얻기 위해 선거직전 효과적인 캠페인 방법. "선거기획하기"를 통해 성공적 선거 캠페인을 수행할 수 있는 지원을 한다.

○ 정치인 학교

- 화법, 미디어 운영, 지역구에서 정치인이 알아야 할 사항들 등 지자체, 주, 의회에서 정치인으로 성장하는데 필요한 지침을 받을 수 있다.

○ 정치블로깅 학교

- 현대 정치 커뮤니케이션에서 필수적인 온라인상의 소통방식과 운영에 대해 교육. 시민들과 유권자들과 실시간 대화를 통해 정치 블로그를 운영하는 방법을 배움

· 민주적 방법으로서 블로그
· 블로그의 시작 정신
· 개인 블로그에서의 언어, 자세, 돈, 비중에 대한 토의
· 더 많은 방문자를 끌어들이는 방법과 운영자와 대화를 활발히 할 수 있는 기술

* http://www.sv.se 참조

저자 소개

이동수

서울대학교 정치학과에서 학사와 석사학위를 받았고, 미국 밴더빌트대학교(Vanderbilt University)에서 정치학 박사학위를 취득하였다. 대통령직속 녹색성장위원회 위원, 대통령실 정책자문위원, 경희대학교 공공대학원장과 교무처장을 역임하였고, 현재 경희대학교 공공대학원 교수로 재직 중이다. 『행복과 21세기 공동체』(편저), 『시민은 누구인가』(편저), 『민주주의 강의 4: 현대적 흐름』(공저), *Political Phenomenology*(공저), 「지구시민의 정체성과 횡단성」, 「민주주의의 이중성」, 「그리스 비극에 나타난 민주주의 정신」, 「소통정치와 미디어」 등의 저서와 논문이 있다.

김윤철

서강대 정치학 박사. 경희대학교 후마니타스칼리지 교수로 재직 중이며, 〈시민교육〉, 〈문명전개의 지구적 문맥Ⅰ, Ⅱ〉, 〈정치의 인문학적 탐색〉을 강의하고 있다. 한국사회여론연구소 소장과 국회의장 직속 국회의원 특권내려놓기 추진위원회 위원을 지냈으며, 현재 참여사회연구소 부소장을 맡고 있다. 《경향신문》, 《내일신문》, 《프레시안》 등에 칼럼을 쓰고 있다. 『헬조선 3년상 喪 想 尙』, 『정당』, 『평화와 복지, 경계를 넘어』(공저), 『시민은 누구인가』(공저), 『인문정치와 주체』(공저), 『한국의 정치사회적 지배담론과 민주주의의 동학』(공저), 「한국 시민의 실존양식」, 「사회의 '전환'과 새로운 주체의 '발견'에 관한 단상」, 「대항이념적 가치관에 바탕한 능동적 사회주체 모형의 탐색」, 「'개별 정당의 위기' 분석을 위한 이론적 모색」등의 저서와 논문이 있다.

우기동

성균관대학교 철학과에서 「유물변증법적 자연관」으로 박사학위를 받았다. 경희대 후마니타스칼리지에서 〈시민교육〉, 〈글로벌 의식과 세계시민〉 등을 강의하고 있고, 경희지구사회봉사단(Global Service Corps) 사무총장을 맡고 있다. 서울 시민대학 운영위원으로 활동하고 있다. 『철학의 철학사적 이해』(공저), 『박물관에서 꺼내온 철학 이야기』(공저), 『행복한 인문학』(공저), 「소외계층과 호흡하는 인문학」, 「대학시민교육, 그 철학적 기초」, 「마을과 시민」 등의 저서와 논문이 있다.

채진원

2009년 경희대학교 일반대학원에서 「민주노동당의 변화와 정당모델의 적실성」이란 논문으로 정치학 박사학위를 받았다. 현재 경희대학교 후마니타스칼리지의 교수로 〈시민교육〉, 〈NGO와 정부관계론〉 등을 강의하고 있다. 전공분야는 비교정치과정(의회, 선거, 정당, NGO)이다. 주요 논문으로 「원내정당모델의 명료화: 대안적 정당모델과의 비교논의」, 「대화형 정치모델의 이론적 탐색: 아렌트의 '공공화법'과 바흐친의 '다성악적 대화법'」, 「민주주의의 사회적 기반: 자원봉사활동의 의미와 정치적 상관성을 중심으로」, 「세계화시대의 시민성과 대학교육」, 대표 저서로는 『지구화시대의 정당정치』와 『한국 민주주의 어디까지 왔나』 등이 있다.

한국 대학 시민교육의 매뉴얼
–방법과 실제

발행일 1쇄 2017년 1월 20일
지은이 이동수 편
펴낸이 여국동

펴낸곳 도서출판 인간사랑
출판등록 1983. 1. 26. 제일 - 3호
주소 경기도 고양시 일산동구 백석로 108번길 60-5 2층
물류센타 경기도 고양시 일산동구 문원길 13-34(문봉동)
전화 031)901 - 8144(대표) | 031)907 - 2003(영업부)
팩스 031)905 - 5815
전자우편 igsr@naver.com
페이스북 http://www.facebook.com/igsrpub
블로그 http://blog.naver.com/igsr
인쇄 인성인쇄 **출력** 현대미디어 **종이** 세원지업사

ISBN 978 - 89 - 7418 - 357 - 8 93340

이 도서의 국립중앙도서관 출판시도서목록(CIP)은 서지정보유통지원시스템 홈페이지(http://seoji.nl.go.kr)와
국가자료공동목록시스템(http://www.nl.go.kr/kolisnet)에서 이용하실 수 있습니다.(CIP제어번호: CIP2016032709)